SHODENSHA
SHINSHO

家と官僚

こうして、国民は「無視《スルー》」される

文

祥伝社新書

はじめに

本書のテーマは「官僚」です。官僚の実態やしくみ、抱《かか》えている問題点、これまでの公務員制度改革の歴史などを扱っています。はじめから官僚に関心のある方は「政策」について述べた第一章は飛ばし、第二章から読み始めていただいてもかまいません。

しかし、本書は、官僚にさほど関心を持っていない方にも読んでいただきたいと考えています。なぜなら、官僚について知識を持つことで、政策や政治の動きへの理解が飛躍的に高まるからです。

居酒屋でのビジネスマンたちの話題にも、「政府はダメだ！」「○○政策（たとえばアベノミクス）はおかしい」などが挙がります。しかし、では具体的にどう問題があり、どう直したらいいかを示すことは、なかなか難しいものです。

こうした時、ふたつのアプローチがあります。「製品」側からのアプローチと、「開発・製造過程」側からのアプローチです。家電製品を論評する場合で、たとえてみましょう。

○「製品」側からのアプローチとは、個々の製品のデザイン、仕様《しよう》、使い勝手などを精査し、「この部分にこういう問題があるので、こう改善すべき」と指摘する方法です。他多くの製品ユーザーにとって、このアプローチは比較的とっつきやすいものです。他方で、具体論に踏み込むほど、かなりの技術的知識を持っていないと実現不可能な改善案になってしまいかねないなど、難しい面もあります。

○これを補完して、専門家や事情通たちがよく用いるのが、「開発・製造過程」側からのアプローチです。こちらは、製品を開発・製造するプロセスに遡《さかのぼ》って問題を探り、改善策を示すものです。たとえば、「このメーカーは、消費者ニーズの変化への対応が遅い。原因は顧客《こきゃく》部門と商品開発部門の情報共有の不足で、その強化が必要」といったことです。

これらふたつのアプローチは、どちらか一方を選択して使うというより、両者を併用することが効果的です。開発・製造過程での問題をある程度知っていれば、製品の問題を分析しやすくなり、逆に、製品の問題を掘り下げるうちに、開発・製造過程の問題を発見できることもあるからです。

政治・政策の議論でも、これらふたつのアプローチを応用できます。この場合、製品に相当するのが、政府の作る政策であり、開発・製造過程に相当するのが、政府の政策決定・実施のプロセスです。

このプロセスには、政治家と官僚というふたつの主体が登場します。たとえば、ある政策のために法律を制定するケースを考えると、

①まず、法案作成に至るまでの検討の段階は、官僚が中心となって行ない、
②法案がまとまると、政治家（国会議員）が国会で審議を行ない、
③法案が国会で可決成立すると、今度はその実施・運用は官僚が担《にな》う。

といった流れが基本です。

政治家と官僚は、それぞれ「永田町《ながたちょう》」「霞《かすみ》が関《せき》」と呼ばれることもあります。これは、国会議事堂は千代田区永田町に、中央官庁（財務省、外務省、農林水産省、厚生労働省など）は千代田区霞が関にそれぞれ位置することに由来します。いわば、「永田町工場」と「霞が関工場」のふたつを通って、政策という製品が生み出されるわけです。

家電製品と同様、開発・製造過程（永田町工場と霞が関工場）に問題があれば、製品の欠陥・不具合（政策の歪《ゆが》み）につながります。開発・製造過程について知っておくことが、政策の理解・分析に役立つわけです。

本書は、そのなかでも、官僚に焦点をあてます。

その理由は、本文で詳しくお話ししますが、第一に、わが国の政策形成・実施プロセスのなかで、官僚の役割が大きいことです。「霞が関工場」のウェイトが高いだけでなく、「永田町工場」も（政治家だけで操業しているわけでなく）官僚が入って仕事をしており、要するに、一連のプロセス全体の運営に関わっています。

第二に、それにもかかわらず、官僚は、政治家に比べて情報量が少なく、よくわからない存在です。多くの人たちにとって、政治家はテレビや駅頭などで見る機会が多いですが、官僚については抽象的なイメージしかないのではないでしょうか。

最近は、官僚についての書物がたくさん出ています。しかし、それには一面的な批判に偏《かたよ》ったものなどが多く、その制度や実態など、全体像を示したものはほとんどありませんでした。また、行政学や公共選択論などの分野では、官僚に関わる興味深い分析がさまざまな形でなされてきていますが、こちらはハードルの高い専門書に封じ込められることが一般的でした。

そこで、本書では、官僚の全体像をできるだけわかりやすく示していきたいと思っています。

筆者は、大学卒業後に中央官庁（通商産業省＝現・経済産業省）に入り、その後20年以上勤務した、官僚のひとりでした。官庁勤務の終盤には、行政改革・規制改革担当大臣補佐官を務《つと》め、「公務員制度改革」の仕事に相当期間、取り組みました（公務員制度改革とは、官僚機構の歪みを正そうという取り組みです。その意味では、本書の目的である開発・製造過程からの政策分析にとって、ヒントの宝庫です）。

その後は、役所を退職して二〇〇九年に政策コンサルティングの会社を立ち上げ、ここ数年は、官僚機構の外側から政策決定プロセスに関わることを主な仕事としつつ、国だけでなく地方自治体にも関わりました（大阪府・市特別顧問《とくべつこもん》など）。また、第一次安倍《あべ》（晋三《しんぞう》）内閣発足以降は、再び政府の内側で政策に関わることもしてきました（国家戦略特区ワーキンググループ委員など）。

こうした経験にもとづいて、官僚を外側からだけ観察してきた人や、ずっと内側にいた人よりも、複眼的にその実態や抱える問題についてお話しすることができるのでないかと思っています。

本書の構成は以下のようになっています。

第一章では、国の政策はなぜ歪むのか（開発・製造過程からの政策分析を行なううえでの基本的な枠組《わくぐ》み）についてお話しします。

第二章では、官僚とは何か、基礎知識を整理します。

第三章では、官僚とはどのような人たちで、どのような仕事をし、どのような行動原理で動いているのかなど、その実像を追います。

第四章では、官僚の抱える問題点についてお話しします。よく指摘される「官僚主導」「縦割《たてわ》り」「天下《あまくだ》り」などの諸問題について、それぞれのメカニズムと弊害《へいがい》や、一般にはしばしば見落とされている問題の本質を整理していきます。これは、開発・製造過程からの政策分析のための応用編に相当します。

第五章では、歴代政権が取り組んできた（実は、一九六〇年代からの古い歴史があります）「公務員制度改革」ないし「官僚制改革」の歴史を整理します。
終章では、政策の歪みを解消するための課題と展望について、幅広く（官僚という範囲の外も含め）お話しします。

政策は、その表層だけでなく裏側を知ることで、ずっとおもしろくなります（それに携《たずさ》わった者として強く感じます）。本書を読むことで、政治・政策がけっして〝奥の院〟にあるものでなく身近であること、われわれ国民の力で変えうることをご理解いただければ幸いです。なお、本文中の敬称は略させていただきました。

二〇一五年三月

原《はら》 英史《えいじ》

目次

第二章　官僚とは何か？

第三章　日本の官僚の実像

3 年功序列、キャリアとノンキャリア、天下り

4 閉鎖性、特殊性

3　第一次安倍《あべ》内閣、福田《ふくだ》内閣での前進（二〇〇六〜二〇〇九年）

4　民主党政権から、第二次安倍内閣まで（二〇〇九年〜）

終章　日本の官僚制は変わるか？

図表作成　篠　宏行

※本書のテーマに関連して、多くのご指導・ご示唆《しさ》をいただいた八田達夫《はったたつお》（アジア成長研究所所長）、八代尚宏《やしろなおひろ》（国際基督教大学客員教授）、鈴木亘《すずきわたる》（学習院大学教授）、岡田彰《おかだあきら》（拓殖大学大学院教授）、真柄昭宏《まがらあきひろ》（ＡＦＪ政治・経済戦略センター所長）、機谷俊夫《はたたにとしお》（大阪市人事室次長）、データ・文献整理に協力いただいた加藤龍蘭《かとうりゅうら》の諸氏にこの場を借りて厚く御礼申し上げます。

第一章

こうして、政策は歪《ゆが》む

日本国政府の〝成績〟

「はじめに」でも触れたように、「政府はダメだ」という声をよく耳にします。しかし、日本国政府は本当に「ダメ」なのでしょうか？　実際に、世界のなかで日本国政府の〝成績（パフォーマンス）――どの程度、国民の利益のために機能してきたか〟をまず見ておきましょう。

政府の国際比較を考えるうえで、筆者が思い出すのは、映画「キューポラのある街」（一九六二年公開）でのワンシーンです。それは、北朝鮮に帰還する在日朝鮮人の家族を温《あたた》かく見送る場面ですが、もし現在、隣人たちが北朝鮮に移住すると聞いたら、このような対応にはならないでしょう。しかし当時は、ソビエト連邦の支援を受けて急成長する北朝鮮は「夢の楽園」と宣伝され、帰還の呼びかけがされており、彼らの対応ぶりはけっして違和感のないものだったのです。

以後50年を経《へ》て、北朝鮮とわが国の差が大きく開いてしまったことは、言うまでもありません。これには多くの要因がありますが、国家運営の違いが最大の要因であったことは明らかでしょう。

さすがに、北朝鮮は極端な例だと思われるかもしれませんので、世界全体での位置づけを見てみましょう。ここで役に立つのが、世界銀行で一九九六年から公表している「世界ガバナンス指標（Worldwide Governance Indicators）」です。これは、いわば200カ国以上の政府の〝成績表〟です。

同指標では、「国民の声と説明責任（市民参加、表現の自由の確保など）」「政治的安定と暴力の不在（政府転覆《てんぷく》のリスク）」など、さまざまな分析をしていますが、以下四つの指標（いわば、科目ごとの成績）を見ていきましょう。

・「政府の有効性（Government Effectiveness）」：政策形成のクオリティ、政策実施の信頼性などが高いか
・「汚職の抑制（Control of Corruption）」：私的利益のための権力濫用などがなされていないか
・「法の支配（Rule of Law）」：契約履行、所有権、警察などルール履行の信頼性が高いか

・「規制の質（Regulatory Quality）」：政府が健全な政策・規制を導入実施し、民間セクターの発展を促進できているか

二〇一三年の日本の成績と順位は、図表1のとおりです（点数は－《マイナス》2・50～＋《プラス》2・50点の幅の範囲での評点）。先進諸国と比べても、かなり良いほうと考えてよいのでしょうか。

ただし、「規制の質」はやや点数・順位が低く、先進国のなかで底辺に近いことは、ちょっと気になります。実は、これが日本の〝苦手科目〟であり、その裏側には官僚機構のさまざまな問題も潜《ひそ》んでいるのです。この話は、のちほど説明します。

政府が機能していない最大の例

日本国政府は「かなり良いほう」と言えるにもかかわらず、多くの人たちが不満を持っているのはなぜでしょうか。

まず、政策（公共政策）の性格上、やむをえない面があります。というのは、一般に政

図表1 世界ガバナンス指標(2013年)

政府の有効性

1	フィンランド	2.17
2	シンガポール	2.07
3	デンマーク	1.97
4	スウェーデン	1.89
5	ノルウェー	1.86
6	スイス	1.81
7	カナダ	1.77
8	オランダ	1.77
9	ニュージーランド	1.75
10	香港	1.73
14	日本	1.59
19	ドイツ	1.52
20	アメリカ	1.50
22	イギリス	1.47
23	フランス	1.47
35	台湾	1.19
38	韓国	1.12
69	イタリア	0.45
97	中国	-0.03
※210カ国中の順位		

汚職の抑制

1	デンマーク	2.41
2	ニュージーランド	2.35
3	スウェーデン	2.29
4	ノルウェー	2.29
5	フィンランド	2.19
6	スイス	2.13
7	ルクセンブルク	2.11
8	シンガポール	2.08
9	オランダ	2.05
10	アイスランド	1.90
11	カナダ	1.87
13	ドイツ	1.78
15	イギリス	1.68
16	日本	1.65
26	フランス	1.30
32	アメリカ	1.28
58	台湾	0.68
63	韓国	0.55
90	イタリア	-0.04
112	中国	-0.35
※210カ国中の順位		

法の支配

1	ノルウェー	1.97
2	スウェーデン	1.95
3	フィンランド	1.93
4	デンマーク	1.87
5	ニュージーランド	1.86
6	オーストリア	1.83
7	オランダ	1.81
8	スイス	1.79
9	ルクセンブルク	1.79
10	オーストラリア	1.75
12	カナダ	1.74
16	イギリス	1.67
18	ドイツ	1.62
21	アメリカ	1.54
23	日本	1.41
26	フランス	1.40
35	台湾	1.04
46	韓国	0.94
81	イタリア	0.36
128	中国	-0.46
※212カ国中の順位		

規制の質

1	シンガポール	1.96
2	香港	1.93
3	スウェーデン	1.89
4	フィンランド	1.85
5	ニュージーランド	1.81
6	デンマーク	1.80
7	オーストラリア	1.79
8	オランダ	1.77
9	イギリス	1.77
10	ルクセンブルク	1.76
11	カナダ	1.71
16	ドイツ	1.55
29	アメリカ	1.26
32	フランス	1.15
33	台湾	1.14
36	日本	1.10
43	韓国	0.98
54	イタリア	0.77
121	中国	-0.31
※210カ国中の順位		

(出典/The Worldwide Governance Indicators)

策は、多くの関係者の利害調整を伴《ともな》います。たとえば、新《あら》たに道路を建設する場合、自動車で移動する人たちは利便性を考えて賛成するでしょうが、騒音を懸念《けねん》して反対する人たちもいます。こうした利害を調整し、できるだけ多くの人が満足するよう計画を練《ね》っていくのが政策です。

ですから、Aさんにとっては「おおいに満足いく」政策だが、Bさんにとっては「まったくダメ」といったことはしばしばあります。万人《ばんにん》にとって「100点満点」の政策などありえないのです。

しかし、なかには、「こんな政策は多くの人にとって不利益ないし、不合理だ」と広く認識されていながら、実施・継続されているケースもあります。その最大の例が、安倍首相が最近よく口にし、新聞報道でも使われるようになった、「岩盤規制《がんばん》」でしょう。安倍首相は二〇一四年九月、臨時国会における所信表明演説で次のように語っています。

「安倍内閣の規制改革に、終わりはありません。

この2年間で、あらゆる岩盤規制を打ち抜いていく。その決意を新《あら》たに、次の国会も、更《さら》にその次も、今後、国会が開かれるたびに、……矢継《やつ》ぎ早《ばや》に提案させていただきたいと考えております」

「不可能だ！」と言われてきた難題

では、岩盤規制とは具体的には何か。すこし長くなりますが、再び安倍首相の言葉を引用します。二〇一四年一月、世界中のトップリーダーが集まるダボス会議（世界経済フォーラム）の場でのスピーチです。

「昨年終盤、大改革を、いくつか決定しました。できるはずがない——。そういう固定観念を、打ち破りました。

電力市場を、完全に自由化します。二〇二〇年、東京でオリンピック選手たちが競《きそ》い合う頃には、日本の電力市場は、発送電《はっそうでん》を分離し、発電、小売りとも、完全に競争的な市場になっています。日本では、久しく『不可能だ！』と言われてきたことです。

医療を、産業として育てます。

日本が最先端を行く再生医療では、細胞を、民間の工場で生み出すことが可能になります。

日本では、久しく『不可能だ！』と言われてきたことです。

40年以上続いてきた、コメの減反《げんたん》を廃止します。民間企業が障壁なく農業に参入し、作りたい作物を、需給の人為的コントロール抜きに作れる時代がやってきます。

日本では、久しく『不可能だ！』と言われてきたことです。

……既得権益の岩盤を打ち破る、ドリルの刃《は》になるのだと、私は言ってきました。

……向《む》こう2年間、そこでは、いかなる既得権益といえども、私の『ドリル』から、無傷ではいられません」

つまり、岩盤規制とは、電力、医療、農業などの分野にある「久しく『(改革することは)不可能だ！』と言われてきた」規制ということです。長年にわたって「こんな規制はおかしい」と言われながら、「岩盤」のように堅《かた》く維持されてきた規制を意味しています。

安倍首相は、こうした難題に取り組み、2年間で岩盤をすべて打ち抜く決意を表明したわけです。

　しかし、よく考えると、なぜ岩盤規制などというものが存在するのか、不思議に思いませんか？

　規制とは、そもそも政府が設定しているものです。政府の最高責任者である内閣総理大臣が、「こんな規制はおかしい」と考えるなら、その規制をさっさと直せばよいだけではないでしょうか？　なぜ「不可能だ！」などと言われてきたのでしょうか？　なぜ「岩盤規制を打ち抜く」と大上段にふりかぶるまでの必要があるのでしょうか？　こんな疑問が浮かぶでしょう。

　これらに対する答えは、このあと説明していきますが、ここでは、次のように簡単に述べておきます。——一国の首相が「おかしい」と指摘しても、なお岩盤のように動かないことがあり、その典型的なものが「岩盤規制」である——。

首相でも変えられない「岩盤規制」

　ひとつ例を挙げましょう。「混合診療」という問題です。

わが国では、保険診療と保険外診療の併用（混合診療）が原則として禁止されています。このため、たとえば、海外では承認されている未承認薬で保険外診療を受けようとすると、通常なら保険診療でカバーされる検査費用などの部分まで全額負担になってしまいます。結果として、患者が望んでもなかなか先進的医療を受けることができないのです。

小泉《こいずみ》（純一郎《じゅんいちろう》）内閣時の二〇〇四年、政府に設けられていた規制改革・民間開放推進会議から、「混合診療の全面解禁」という提言が出されました。それは、患者本位の医療実現を目指し、患者自《みずか》らが選択する場合であれば、混合診療を認めるべきという内容でした。これに呼応して、小泉首相は、経済財政諮問《しもん》会議という公式の政府会議で、次のように発言しました。

「『混合診療』については、長い間議論をやってきており、必要性を求める声が強いと同時に、抵抗が一番強いところである。しかし、年内に解禁の方向で結論を出していただきたいと思っている」

一国の首相、しかも強いリーダーシップを発揮したことで知られた小泉首相が、ここまで明確に「解禁」を指示したわけですが、結果はどうだったでしょう。

関係団体を巻き込み大騒動になったあげく、結局、解禁は実現しませんでした。従来から例外的に併用が認められていた「特定療養費制度」を拡充して、「保険外併用療養費制度」に再編するにとどまり、患者自らが選択すれば可能にはなりませんでした。

それから十年の歳月を経て、二〇一四年に安倍内閣が発表した「改訂・日本再興戦略――未来への挑戦」では、患者からの申出《もうしで》を起点に新たな保険外併用のしくみとして「患者申出療養制度」を創設することが表明されました。その内容は、かつて提案・検討されたものと基本的に同じです。小泉首相の言っていた「長い間議論をやっている」状態は、その後10年続いたわけです。

こんなことが起きているのですから、さきほどの「世界ガバナンス指標」の「規制の質」部門で、日本の順位が主要先進国の底辺になるのは無理もないことです。

「小泉内閣の規制改革」と言うと、アレルギーのある読者もいるかもしれませんが、ここでのポイントは、首相が「おかしい」「変えるべきだ」と言っているのに、政策や規制を変えられないケースがあることです。これは、「はじめに」でお話しした政策の開発・製造過程に問題があるためです。

トップが「これからは、こういう製品を作ろう」と言っているにもかかわらず、開発・製造過程（霞が関工場と永田町工場）になんらかの問題があって、まったく異なる製品ができあがるわけです。それでは、開発・製造過程のどこに問題があるのか？

その前に、もうすこし岩盤規制についてお話しします。

既得権者VS.一般国民

「規制改革」と言うと、「一部の大企業に便宜《べんぎ》を図《はか》ってビジネスをやりやすくする。その反面、消費者や労働者の利益は置き去りにされる」といった否定的な受け止め方をされることがあります。

筆者は、政府の内部、自治体、民間など、さまざまな立場で規制改革に関わってきました。その経験からすれば、こうした受け止め方は見当違いだと思っています。規制改革の最大の受益者は、消費者や一般国民です。むしろ、大企業はしばしば規制改革を阻《はば》む側なのです。

なぜ、大企業が規制改革を阻む側になりがちか。それは、規制は多くの場合、利権を生み出すからです。規制が最初に作られる時は、それなりに合理的な理由があることが通常ですが、そうした場合でも、いったん作られると利権が生まれがちです。

たとえば、規制の類型である「参入規制（ある業種に新たな事業者が参入することを禁止する、あるいは、参入には役所の許認可を必要とするなど）」を考えてみましょう。

こうした規制は、はじめは「めったやたらに新規事業者が出てくると、悪質な業者が現われて、消費者に被害をおよぼす可能性がある」などの理由があり、導入されます。ところが、いったん導入されると、すでに参入した事業者にとっては、「潜在的な競争相手を規制が排除してくれる」、とても好ましい状態が生まれます。これが「規制利権」です。

こうなると、規制利権を持つ人たち＝「既得権業者」は、役所に対して、必要以上に規制の厳格化を求めることがあります。また、新たな技術や情勢変化によって、規制の必要性が低下したあとも、無用に規制の維持を求めることがあります。

いっぽう、役所にとって、規制は「権力の源泉」であり、できるだけ強い権力を持ち続けることを志向しがちです。

こうして、既得権業者と役所の利害が一致《いっち》し、本来は無用なはずの規制が維持・厳格化されていきます。結果として生まれるのが、岩盤規制なのです。

岩盤規制によって、損をしているのは誰でしょうか？　新規参入したいのに拒絶される事業者もあるでしょうが、最大の被害者は消費者ないし、一般国民です。

無用な参入規制が厳格化されたケースを考えれば、既得権業者の潜在的な競争相手は排除されているわけですから、多少値段が高く設定されても、サービスが悪くても、消費者にとって、ほかの会社に乗り換える選択肢はありません。問題は、そんな状態があたりまえになり、消費者が自らを被害者とまったく認識せず、おおいに損をしていることです。

このように、岩盤規制を巡る利害対立の構図は、「既得権者vs.一般国民」です。両者を比べれば、前者はごく一握《ひとにぎ》りで、後者は圧倒的に多数です。社会全体の利益を考えれば、後者の利益のほうが大きく、優先されておかしくないはずです。念のため補足すると、少数者の利益は無視してよいと言っているわけではありません。一般国民にとっての利益が圧倒的に大きいなら、その利益を実現したうえで、一部を少数者に対する補塡《ほてん》にあてるといったことも可能です。

ところが、こうした対立では多くの場合、ごく少数の既得権者側が勝利をおさめ、社会全体にとって望ましい状態は実現されません。その結果が岩盤規制ですが、その具体例をお話ししましょう。

電力自由化が進まなかった理由

安倍首相が岩盤規制の第一の事例として挙げている「電力」は、参入規制が長く維持されてきた分野のひとつです。一般家庭では、関東ならば東京電力、関西ならば関西電力と契約するのがあたりまえで、「電力会社を選ぶ」ことはありえないことでした。電力事業法にもとづき、地域ごとの独占体制が維持されてきたからです。

こうした「参入規制」ないし「地域独占」は、昔は合理的な規制でした。かつて、電力事業は、ダム開発して水力発電所を作るなど、莫大《ばくだい》な初期投資を必要としました。これを経済学では「自然独占」と言います。

こうした事業分野では、競争相手が存在して価格競争になると初期投資に見合わないため、ほうっておくと独占状態になってしまいます。そして、事業者が値段を釣り上げ放題になるなど、独占の弊害《へいがい》が生《しょう》じます。そこで、こうした事業分野では、①国や公的機関が「公営」で運営する、②民間部門に任《まか》せて法的に「独占」を認め、代わりに価格規制を行なって独占の弊害を防ぐ、のいずれかが標準的な政策です。

これは、わが国に限ったことではありません。かつては、世界中どこでも、電力事業は自然独占になる分野でした。このため、イギリスや北欧は①、アメリカやドイツはわが国と同様に②の「独占規制」方式が採られていました。

しかし、この状況は、一九九〇年代になると大きく変わります。技術革新によってガスタービンを用いた小規模な発電が可能になり、ITの発達で多数の発電主体がいても系統運用が可能になったため、送電網の部分を除いては、自然独占が生まれる問題が解消してしまったのです。

つまり、公営または独占という規制の必然性がなくなり、競争に委《ゆだ》ねたほうが消費者の利益を実現できる環境になったわけです。そして、北欧などを皮切りに一九九〇年代から二〇〇〇年代にかけて、先進各国で次のような電力自由化が進みました。

○送電網の部分を除いては参入を自由化し、消費者が電力会社を選べるようにする→参入自由化

○送電網は、特定の電力会社が持っていたのではフェアな競争にならないので、競争が確保されるように開放する→発送電分離

日本では、事業部門向けの部分的自由化は一九九〇年代後半からスタートしましたが、家庭も含めた自由化や発送電分離は大きく後《おく》れました。二〇一三年になって、ようやく「家庭でも電力会社を選べるように」という本格的な電力自由化が動き始めましたが、各国と比べれば10~20年後れています。多くの国では、「携帯電話会社を選ぶように、電力会社を選ぶ」のは、すでにあたりまえです。

言うまでもありませんが、日本だけが、電力自由化の背景となった技術革新から取り残されていたわけではありません。電力自由化が後れた理由は、「既得権者vs.一般国民」の

構図で、前者の利益が優先されたからです。

実は、二〇〇〇年代初頭にも、経済産業省の一部の官僚が主導して、こうした議論が動きかけたことがありました。しかし、電力会社による強い反対によって封印されてしまったのです。

医薬品のインターネット販売解禁の真相

岩盤規制の多くは、この電力規制のように、かつては合理性があったが、その後状況が変わり、それにもかかわらず無用に維持されているというタイプのものです。しかし、なかには、最初から合理性が疑わしいものもあります。その一例が「医薬品インターネット販売禁止」です。

この規制は、昔からの「岩盤」ではなく、比較的新しい「岩盤」でした。二〇〇九年、厚生労働省が定めた薬事法《やくじほう》施行規則により、第一類医薬品（H2ブロッカー含有《がんゆう》の胃薬や一部の風邪薬など）と第二類医薬品（主な風邪薬など）について、「対面」で販売しなければならない、つまりインターネット販売は禁止とされたのです。

さまざまな商品をインターネットで自宅にいながら購入できて便利になった現在、なぜ医薬品だけはダメだったのでしょうか？

この議論はさまざまになされましたが、厚生労働省など禁止論者が主張したのは、「インターネット販売は危ないから」ということでした。この主張は、もっともらしく聞こえますが、はなはだ怪《あや》しいものです。

まず、「薬局ならば、薬剤師がきちんと副作用の説明、既往症《きおうしょう》の確認などをできる」。これは、インターネットでも十分に可能です。むしろ、あわただしい薬局の窓口よりも、インターネットの画面できちんと表示・確認したほうが、ずっと確実にできるはずです。

すると、二《に》の矢《や》で厚生労働省の人たちが主張したのが、「薬局ならば、顔色など本人の状態を確認しながら、適切な薬を選び、注意事項もきちんと伝えられる」。この主張も、もっともらしく聞こえますが、実は、致命的《ちめいてき》に怪しいものでした。というのは、薬局に薬を買いに来るのは本人とは限らず、家族が買いに来ることなど、いくらでもあるからです。

こうした怪しい主張によって、多くの消費者の利便性が阻まれました。規制の本当の理由は、伝統的な薬局やその関係者たちという一部の利権を守るものだったと考えざるをえません。

結局、最高裁での違憲判決（二〇一三年一月）などを経て、二〇一四年六月に「医薬品インターネット販売解禁」が実現しました。ただ、「解禁」ということになっているものの、本当のところは、まだまだ怪しい「解禁」です。

まず、薬局で一般に売られている大衆薬について「全面解禁」されたわけではなく、リスクの高い品目（一部の鼻炎スプレー、育毛剤など28品目）については、引き続き、インターネット販売禁止となりました。

さらに、医師が処方する処方薬については、ほとんど議論がなされないまま、どさくさまぎれのように引き続き、インターネット販売禁止になってしまいました。ちなみに、アメリカ、イギリス、ドイツなどでは、大衆薬のみならず、処方薬についてもインターネット販売が認められています。

ですから、引き続き利権を守るという決着だったわけです。あまり気づかれていませんが、実は、こっそりと規制強化もなされました。前述の28品目については、薬局に「本人が買いに行かないといけない」という規制が新たに導入され、家族が買いに行くことが禁止されたのです。

これは、従来のインターネット販売禁止を巡る議論のなかで、「薬局に家族が買いに来てもいいのに、『薬局ならば顔色を見られる』というのはおかしい」と、致命的矛盾点《むじゅんてん》を突かれていたことが、よほど嫌だったのでしょうか。しかし、そうまでして消費者の利便性を阻害するだけの合理的な理由は、さっぱり不明なままの規制強化でした。

コラム①　必要な規制と不必要な規制

「規制改革」の推進に関わっていると、「規制はいっさい不要と唱《とな》える市場原理主義者」などと批判を受けることもあります。しかし、政府の規制改革会議などの関係者のなかに「規制はいっさい不要」と唱える人はまず存在しません。多くの人は「不合理な規制はなくすべきだが、必要な規制はもっと徹底すべき」という立場です。

本当に必要な規制ほど、実は不十分な状態（執行体制が不十分でルール違反が放置されているなど）に置かれていることが少なくありません。

では、必要な規制と不合理な規制は、どう区別されるのでしょうか？　経済学では、政府の介入が合理的とされるのは次のケースです（詳細は経済学の教科書、たとえば政府の規制改革関連の会議メンバーなどを長く務められている八田達夫著『ミクロ経済学Expressway』などをご覧ください）。

①再分配
②市場の失敗の是正《ぜせい》
・外部経済・外部不経済
・規模の経済（自然独占）
・公共財
・情報の非対称性

これを前述の例などに当てはめると、次のようになります。

○古典的な例として、公害規制→外部不経済：市場に任せておくと公害という不利益がまきちらされてしまう。
○本文で取り上げた電力規制→規模の経済（自然独占）：かつては、市場に任せておくと独占状態になり、その弊害が生じた。
○医薬品の販売規制（本文で取り上げたインターネット販売規制は別）→情報の非対称性：事業者と消費者に情報格差があるため、効能不明な医薬品が自由に販売されるようになると、消費者は判断できない。

「もはや、お手上げ」と嘆く首相直結機関

なぜ、不合理な規制が岩盤のように維持されるのでしょうか？　また、首相が変えるべきと唱えても、変えられないのはなぜでしょうか？

その答えを、端的《たんてき》に語る文書があります。政府の規制改革会議が二〇〇九年十二月に公

表した、「規制改革の課題」と題する意見書です。

この会議は、第二次臨時行政調査会（一九八一～一九八三年。略称、第二次臨調。当時の経団連会長である土光敏夫《どこうとしお》が会長を務めたので「土光臨調《りんちょう》」とも呼ぶ）の流れを汲《く》み、規制改革推進のために政府に設けられた由緒ある民間人会議です。首相の諮問を受けて、首相に意見を述べる。いわば、首相直結の機関です。この機関が何を言っているのか、引用してみましょう（傍線は筆者）。

「規制改革の源流は、一九八〇年代に国鉄・電電《でんでん》・専売公社を民営化した土光臨調にある。その後、九〇年代半ばから民間出身者の意見を活《い》かす形で政府内に規制改革を推進する組織が数次にわたり設置され、今日に至っている。当初は主に経済分野の規制緩和に力を入れ、これは大きな経済的効果をあげた。

二〇〇〇年以降は、医療・保育・農業・教育など官が需給を調節し価格を決定する『官製市場』と言われる分野での規制改革に取り組んだ。……こうした分野は第二次大戦後復興過程で形成された諸制度の上に成り立ち、無駄《むだ》と非効率を温存しているため、これらの改革が日本経済を大きく成長させる可能性を持つ。しかし、こうした分野では『族議員《ぞく》』と言われる政治家、規制と天下り先を温存したい官僚、既得権を持つ事業者・団体が『鉄のトライアングル』として結託し、改革を阻んできた。

……思えば、われわれ『規制改革会議』任期3年間は、規制改革への逆風が日増しに強くなり、反比例して政権のサポートが希薄の度を加えていった、いわば退嬰《たいえい》の期間であった」

繰《く》り返しますが、この会議は首相直結の公的機関です。そうした機関の意見書で、「族議員」「政権のサポートが希薄」などという言葉が出てくることは、きわめて異例です。そうまでして何を伝えようとしているのでしょう。

要するに、農業、医療はじめ、いわゆる岩盤規制の分野で、首相にいくら意見を伝えても、族議員＋官僚＋既得権業界の「鉄のトライアングル」に阻まれて何も実現しない、もはやお手上げ、と言っているわけです。

鉄のトライアングル

「鉄のトライアングル（iron triangle）」とは、政治学で用いられる用語です。『現代政治学小辞典（新版）』によれば、次のような形で、業種ごとに形成される協力関係、とされます。

政治家（族議員）は、官庁（官僚）に法案成立や予算獲得での協力を与え、官庁からさまざまな便宜を受ける。官庁は、業界団体に補助金や保護的な規制を与え、業界団体から「天下り」ポストを得る。さらに、政治家は、業界団体にさまざまな場面での支援を与え、業界団体から票や資金を得る。

この説明では、三者のもたれあい関係はわかりますが、なぜこの三角形がそれほどまでに強力に政策決定を左右し、「岩盤規制」を強固に守るのか、そのメカニズムが十分に理解できないと思います。そこで、筆者なりの説明を加えてみましょう。

規制によって「規制利権」が生まれることは、すでにお話ししました。一部の既得権者は利権を手にし、それ以外の一般国民との利害の不一致が生じます。

既得権者vs.一般国民は、社会全体で見れば、後者が圧倒的に多数です。ところが、これが、選挙を経た国会議員の構成では、とたんに逆転します。

農業、医療などを思い浮かべればわかるように、既得権者側には、それぞれ強力な団体が存在し、選挙では集票マシーンとして機能します。「農林族」「道路族」など特定分野の「族議員」は、必ずしも国会の過半数を占めているわけではありません。しかし、与党内で族議員と反対の立場をあえてとろうとする議員は、多くの場合、明らかに少数派です。こうして、既得権者vs.一般国民の利害が対立した時、政治の場では既得権者が優先されることになります。

次に、役所は、既得権者vs.一般国民のどちらの味方をするかというと、これもまた既得権者です。役所では、農業、電力事業、建設業など、それぞれの事業分野ごとに、所管する省や局が置かれています。第四章でお話ししますが、官僚機構には「縦割り（セクショナリズム）」という問題があり、それぞれの部局の所管業種の利益を優先することになりがちなのです。

こうして、政策決定のプレイヤーである政治と役所がそろって、社会全体では少数利益のはずの既得権者の味方をする構図が生まれます。

このように見てくると、首相が言っても変わらない理由もわかるでしょう。

自民党政権における首相は、党総裁を兼ね、族議員を含む自民党議員たちのトップでもあります。これは、党内で議員たちの支持を得なければ、首相＝総裁になることができないということを意味します。族議員はじめ多くの議員が反対する時、首相といえどもなかなか突破できない所以《ゆえん》です。

また、政府においては首相がトップで、官僚が部下です。上司と部下の関係とはいえ、実務を握る部下たちがそろって抵抗して「できない理由」をゴマンと並べたり、あるいは面従腹背《めんじゅうふくはい》で、水面下で実効性を損《そこ》なう工作（「骨抜き」と言われます）などを始めたら、これまた、突破することは容易ではありません。

鉄のトライアングルの問題が指摘されるのは、岩盤規制に関してだけではありません。たとえば、国民にとってメリットの小さい無駄な公共事業が、長年にわたって強力に進められてきたのも、「公共事業利権 vs. 一般国民」という同じ構図です。

このようにして、さまざまな分野で、鉄のトライアングルが政策を歪め、それを正すことは「不可能だ！」と言われるまでの状態が続いていたのです。

鉄のトライアングル＋《プラス》1

この鉄のトライアングルに、もうひとつ付け加えたいと思います。それは、メディア（マスコミ）です。実は、マスコミもしばしば既得権者の味方をします。

これは、日本のマスコミに特有の、役所とのもたれあい関係に起因します。「記者クラブ」という言葉を聞かれたことがあるでしょう。これは、欧米などではあまり例のない日本特有のしくみです。大手マスコミ（新聞・テレビ・一部の雑誌）は、それぞれの役所から部屋を提供してもらい、担当記者を常駐させ、そこで情報をもらって記事を書いています。このような状態で〝商売の材料（情報）〟を得ているのですから、役所の意向に反する記事はなかなか出せなくなります。

「そうはいっても、新聞には政府批判の記事もたくさん出ているじゃないか」と思われるかもしれません。しかし、実際、役所にとって本当に困るような記事が大手マスコミ発で出されることはきわめて稀《まれ》です。そんな記事を出して、役所から「出入り禁止」を食らい、情報をもらえなくなったら、たちまち業務に支障をきたすからです。

たとえば、先にお話しした医薬品インターネット販売の話であれば、「消費者の安全性には十分注意すべきだ」など、一見もっともに見えながら、実は鉄のトライアングル側のプロパガンダをそのまま報じることがしばしばあります。

筆者は、こうした構造を「鉄のトライアングル＋1（政治家、役所、既得権者＋マスコミ。図表2参照）」と呼んでいます。マスコミが既得権者側についていることは、問題をさらに難しくします。問題が正しく報じられないために、一般国民が実は搾取《さくしゅ》されていることに気づくことさえできなくなってしまうからです。

こうして、「政策の歪み」は、さまざまな分野で生まれ、維持されていくのです。この構造が、開発・製造過程からの政策分析のための第一段階です。

鉄のトライアングルはアメリカが本家《ほんけ》!?

マスコミの加勢《かせい》はやや特殊かもしれませんが、鉄のトライアングルそのものは、日本に特有なものではありません。

そもそも、鉄のトライアングルとは、アメリカが本家の言葉です。国際関係論を専門とするゴードン・アダムス（アメリカン大学教授）が、『The Iron Triangle: The Politics of

図表2　鉄のトライアングル＋１

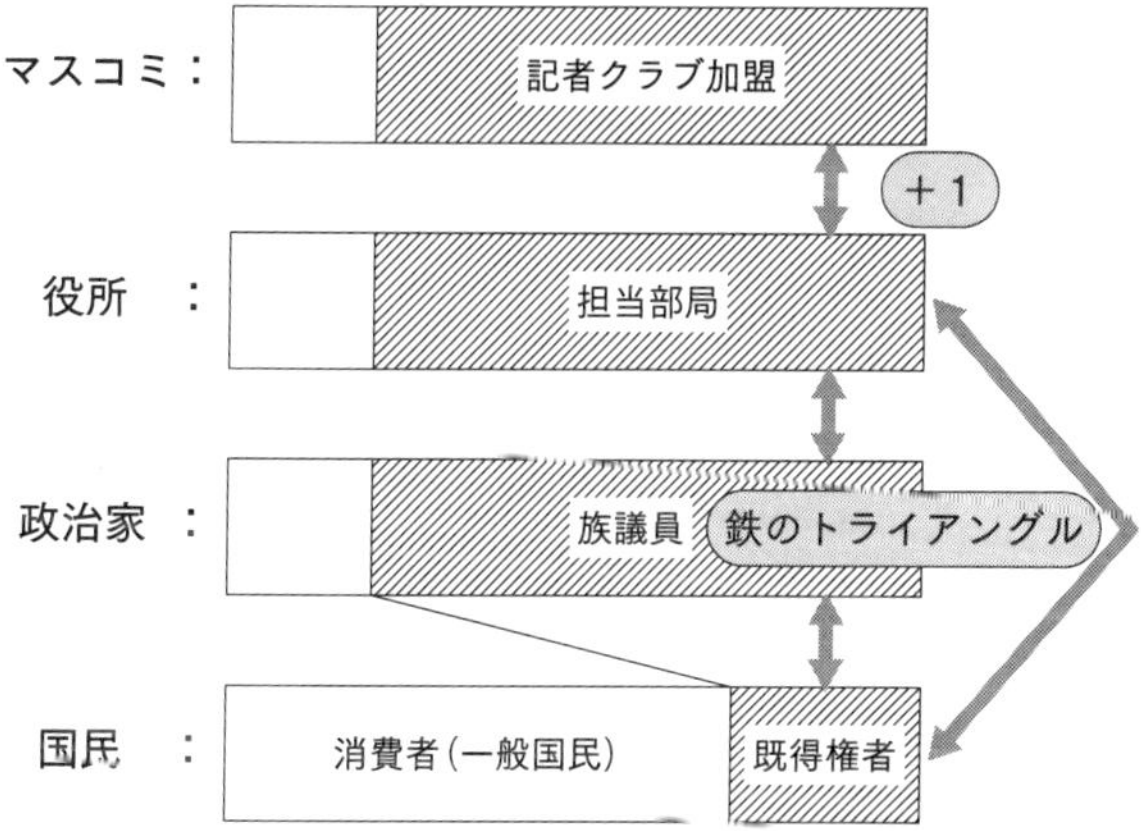

Defense Contracting』を刊行した一九八一年頃から、広く使われるようになり、「利益団体＋議会＋官僚機構」の三角関係を示す用語として、定着したものです。

そのいっぽう、日本の鉄のトライアングルのほうがよほど深刻、といった指摘がなされることもあります。本家アメリカと日本とを比較して、どちらの問題がより深刻でしょうか？

この判定は容易ではありません。たとえば、電力自由化において日本はアメリカよりずっと後れていますし、世界ガバナンス指標の「規制の質」ランキングでも日本はアメリカより下位です。これらを見れば、「日本のほうが深刻」と言えるかもしれません。

いっぽうでアメリカにも、たとえば銃規制と全米ライフル協会の関係のように、長年にわたって懸案《けんあん》とされてきた根深い問題が少なからず存在します。

また、大統領制と議院内閣制という基本的な政治制度の差異をどう考えるかも、簡単ではありません。「首相のリーダーシップの欠如《けつじょ》」が長年にわたって問題になっている日本から見れば、大統領制（あるいは首相公選制）ならば、鉄のトライアングルの突破がより進みやすいような気もします。

しかし、アメリカの政治学者フランシス・フクヤマ（ジョンズ・ホプキンス大学高等国際問題研究大学院教授）は、『Political Order and Political Decay』（二〇一四年）で、アメリカは大統領制とチェックアンドバランス・システムという政治体制であるがゆえに、利益集団の影響でより深刻な「ビトクラシー（vetocracy。政治決定ができず機能不全に陥《おちい》る状態）」がもたらされ、ほかの民主主義国と比べてより先鋭的な形で、「政治の衰退（political decay）」が生じていると指摘しています。

官僚が強い日本

　このように、日本とアメリカ（あるいは、日本以外の多くの国）を比較して、単純に問題の大小を論ずることは困難です。しかし、ひとつ明らかな違いがあるとすれば、それは三角形における三つの頂点の力関係です。

　アメリカでは、三角形のうち、とりわけ利益集団（既得権者）が強い影響力を行使することが意識されてきました。政治学での「多元主義」、経済学での「規制の虜《とりこ》」といった理論は、いずれも「利益団体の強さ」に着目したと言えます。

　日本は、「官僚の強さ」に特徴があります。まず、「政《せい》（内閣・議員）」と「官《かん》（官庁・官僚）」の関係では、よく「官僚主導」と言われるように、政策決定で伝統的に官僚が強い力を持ってきました。

　また、官と「民《みん》（民間業者）」の関係でも、「官僚統制型の資本主義」と言われたように、官僚の力が強く、大手企業や業界団体に官僚ＯＢが天下りするなどの慣行《かんこう》も長く続いてきました。

　さらに、政策決定のプロセスでの官僚の登場機会の多さも特徴的です。アメリカの場合、利益集団がある法律を作ってもらおうと考えれば、立法《りっぽう》活動を担う議員（文字どおりlawmakerと呼ばれることがあります）にロビイング（ロビー活動）をして、議員がそのスタッフとともに法案を作ります。大統領に法案提出権限はなく、法案はすべて議員立法ですから、ここに官僚の出番はあまりないのです。

いっぽう、日本の場合、法案を実際に作っているのは官僚です。国会で成立する法案の大半は内閣提出法案であり、その条文《じょうぶん》は官僚が書きます。内容を練る段階で、官僚が中核的な役割を担い、審議会などの場で「既得権者」や関係者らの利害を調整し、族議員はじめ与党議員たちに根回しを行ない、関係者とすりあわせながら、まとめていくプロセスが一般的です。

このように、わが国の政策決定を「開発・製造過程」から分析するうえでは、官僚についての理解が欠かせません。そこで第二章以下、順を追って、官僚についての基礎知識、その抱える問題点などをお話ししていきます。

コラム②「多元主義」と「規制の虜《とりこ》」

「多元主義（pluralism）」とは、アメリカの政治学で二十世紀半ばに主流になった考え方で、利益集団の活発な活動により国民の利益が代表され、実質的な政策決定がなされていることを肯定的にとらえるものです。

セオドア・ロウィ（コーネル大学教授）は、一九六九年刊行の著作『自由主義の終焉――現代政府の問題性』のなかで、これを「利益集団自由主義」と呼びました。利益集団の重視とその活動ぶりの肯定が、民主主義の否定を正当化することにつながりかねないという、批判的な意味合いを込めたのです。

日本では、一九八〇年代に「官僚主導大衆包括型多元主義」（猪口孝《いのぐちたかし》東京大学名誉教授）、「仕切られた多元主義」（佐藤誠三郎《さとうせいざぶろう》東京大学名誉教授、松崎哲久《まつざきてつひさ》元衆議院議員）など、形容詞つきの「日本型多元主義」論がさかんになされました。これらは、いずれも官僚機構（ないし政官混合体）の枠内で、多元主義が機能している点を指摘したものでした。

「規制の虜（regulatory capture）」とは、ノーベル経済学賞を受賞したアメリカの経済学者G・スティグラー（一九一一〜一九九一年）が一九七一年に発表した論文（The theory of economic regulation）で指摘し、現在は、標準的な教科書にも掲載されている理論です。

グレン・ハバード（コロンビア大学ビジネス・スクール校長）等の著作『ハバード経済学Ⅱ 基礎ミクロ編』では、「規制を受ける企業が（監督官庁に）影響力を及ぼした結果、公共の利益にならなくても、監督官庁が規制を受ける企業の最大利益となる決定を下《くだ》す」場合、と説明されています。要するに、規制当局が事業者側に取り込まれ（「規制の虜」になって）、規制が歪められるということです。コラム⑤（126〜128ページ）でご紹介する「公共選択論」のベースとなる理論でもあります。

わが国でも、こうした状態が生じることはあります。たとえば、国会の設置した原発事故調査委員会（国会事故調）の報告書（二〇一二年六月）で、原子力安全規制当局と電力会社の関係について、「規制の虜」の状態が生じていたと指摘されたことが知られています。

第二章

官僚とは何か？

「官僚」「公務員」「役人」の違い

ここまで、あたりまえのように「官僚」という言葉を使ってきました。改めて、官僚とはどういう意味でしょうか？　同じような言葉として「公務員」や「役人」がありますが、意味の違いはあるのでしょうか？　実際に問われると、正確にはわからない人も多いでしょう。

現在、「官僚」「公務員」「役人」という三つの言葉は、ほぼ同じような意味で用いられることが一般的です。その意味するところは「役所で仕事をしている人たち」。ただし、政治家は除く」あたりでしょう。

しかし、本来の言葉の意味に立ち返ると、もともと「官僚」と「公務員」は、異質な概念を表わす言葉です。この異質な言葉がなぜ、同じ意味で使われるようになったのかを探っていくと、実は、わが国の官僚制の歴史、さらには、その抱える問題点と深く関わっていることが見えてきます。

官僚の歴史や問題点を扱ううえでのイントロダクションとして、まず、言葉の意味の整理から入ってみましょう。

「官僚」「公務員」「役人」のうち、もっとも公式な用語と言ってよいのが「公務員」です。その言葉は、日本国憲法のなかで次のように登場します。「すべて公務員は、全体の奉仕者《ほうししゃ》であつて、一部の奉仕者ではない」（第15条第2項）。また、「国家公務員法」「地方公務員法」など、法律の名称にもなっています。

しかし、憲法を含む法令上の公務員は、一般用語の公務員と異なります。一般用語の公務員は、「国または地方公共団体の事務を担当・執行する者」（『広辞苑（第6版）』）、つまり国や地方の役所で（選挙で選ばれるのではなく）採用される人たち（課長、係長など）を指します。いっぽう、法令上の公務員は、それだけではなく、総理大臣・大臣・国会議員、知事・市長・地方議員など、選挙で選ばれる人たちなども含まれます。

要するに、国または地方自治体で公《おおやけ》のために働く人全般といった意味合いです。一般用語としての公務員に慣れていると、ちょっと違和感を覚えるかもしれません。

しかし、憲法第15条第1項で「公務員を選定し、及《およ》びこれを罷免《ひめん》することは、国民固有の権利である」と規定されているのを見れば、むしろ、選挙で選ばれる人たちのほうが、主に念頭に置かれているとさえ考えられます。

ちなみに、占領下にＧＨＱ（連合国軍最高司令官総司令部）から提示された日本国憲法の英語案文では「public official」が「公務員」と訳されています。英語での「public official」とは、まさに字義どおり、公《おおやけ》のために働く人全般を指します。

「公務員」とは何か？

国家公務員法や地方公務員法では、公務員の整理・分類がなされています。まず、国家公務員の分類を見てみましょう（人数は二〇一四年度末の予算定員）。

○国家公務員（約64万人）

・特別職（国家公務員法第2条第3項／約29万９０００人）

総理大臣、大臣、副大臣、政務官、大使など（約４００人）

裁判官、裁判所職員（約2万６０００人）

国会職員（約４０００人）

自衛官など防衛省職員（約26万８０００人）など

・一般職（国家公務員法第2条第2項／約34万2000人）
　特別職以外

特別職の国家公務員としては、大臣や裁判官などが列挙されているほか、人数上は、自衛官が特別職国家公務員の大半を占めます。

国会議員は、特別職のひとつである「就任《しゅうにん》について選挙によることを必要と（する）……職員」（国家公務員法第2条第3項第9号）にあたります。

ただ、国家公務員法制定に携わった佐藤達夫《さとうたつお》（当時は法制局長官、のち人事院総裁）著『国家公務員制度（第8次改訂版）』に「議員は、本来は公務員であるが、普通『公務員』という場合には、これら以外の一般の職員を指す場合が多いといえよう」とわざわざ書かれているように、国会議員を国家公務員ととらえることはまずありません。

いっぽう、一般職は、法律上は「特別職に属する職以外の国家公務員の一切《いっさい》の職」と定義されています。一般的にイメージされる国家公務員（官庁の局長、課長など）は、一般職の国家公務員にあたります。

次に地方公務員ですが、国家公務員同様、特別職と一般職に分類されています（人数は、特別職は二〇一三年四月一日、一般職は二〇一四年四月一日現在）。

○地方公務員（約285万人）

・特別職（地方公務員法第3条第3項／約10万4000万人）

知事、市長、地方議員など

・一般職（地方公務員法第3条第2項／約274万4000人）

一般行政（約90万9000人）

教育部門（約103万2000人）

警察部門（約28万4000人）

消防部門（約15万9000人）など

ここでも、一般職は「特別職に属する職以外の一切の職」と定義されています。国家公務員の場合とはやや異なり、通常は必ずしも公務員と呼ばれていない人たち、つまり、学校教員、警察官、消防士といった人たちが相当部分を占めています。

ねじれた「公務員」という概念

以上のように、「公務員」という用語は、法令上は広く、国または地方自治体で公のために働く人全般（政治家や裁判官も含む）を意味しますが、一般用語としては狭《せま》く、役所（行政府）の職員（政治家以外）ととらえられています。

実は、これは単なる一般用語にとどまりません。政府の公式文書でも（時には法令でさえ）、後者の狭い意味で用いられることがしばしばあります。たとえば、「公務員制度改革」という言葉は、政府の公式な文書で（時には法律でも）頻繁《ひんぱん》に登場しますが、ここでの公務員とは役所の職員のことであり、政治家や裁判官などの制度改革までを含めて、公務員制度改革と呼ぶことはまずありません。

こうした公務員という概念のねじれがなぜ生じたかというと、日本国憲法で「全体の奉仕者たる公務員」という観念が導入されたことが起点です。（公務員という法令用語じたいは戦前から存在しましたが）新憲法に伴って、戦前の「天皇の官吏《かんり》」からの制度転換を明らかにするため、名称を代えようという流れが生まれたのです。一例を挙げると、当時の入江俊郎《いりえとしろう》衆議院法制局長によるこんな文章が残されています。

「官僚とか官吏とかいふ言葉に代へて、新憲法では公務員といふ言葉がある。公務員といへば、国家の公務員と地方公共団体の公務員とがある。官僚又《また》は官吏といふのは国家公務員に当《あた》る。色々いやな連想を伴う官僚といふ言葉を抹殺《まっさつ》して、国家公務員といふ言葉を用ひることにしてはどうか」

戦前は、「官吏」という言葉が使われていました。これを「公務員」で置き換えようとなったわけです。ちなみに、戦前は、府県や市町村の職員は「吏員《りいん》」と呼ばれました（知事など上層部は官吏が占めました）。また、非官吏の事務員である「雇員《こいん》」もいました。

こうした戦前の用語は、実は、日本国憲法にも一部残っており、たとえば第73条では「官吏（英語で「役所の職員」を意味する「civil service」の訳語として）」、第93条では「吏員（「local officials」の訳語として）」という言葉が、「公務員」とは区別して用いられています。ですから、「新憲法に沿って、官吏を公務員に置き換える」というのは本当はすこし変ですが、いわばイメージ戦略だったわけです。

ここから、ねじれが生まれます。ポイントは、戦前の官吏は帝国議会議員（政治家）とは明確に区別された概念だったことです。そして戦後、官吏を置き換える言葉として「公務員」が用いられるようになったため、公務員＝役所の職員（政治家以外）と一般に認識されるようになったわけです。

さて、名称の置き換えに伴って、官吏から全体の奉仕者たる公務員へ、という内実《ないじつ》の転換ははたしてできたのでしょうか？　実は、名称だけは変わったものの、中味を見れば、制度も意識も旧来のままという面が少なくありませんでした。この点は、のちほどお話しします。

「官僚」と「役人」の違い

公式な法令用語ながらも、概念がねじれた「公務員」に対し、「官僚」と「役人」は、もともと一般用語です。「官僚」は、「行政の執行者。官吏。役人。特に、政策決定に影響を与えるような上級の公務員の一群」(『広辞苑(第6版)』)を意味します。もともとは中国の『後漢書《ごかんじょ》』にも出てくる言葉ですが、日本では明治末期から大正時代にかけて広く用いられるようになったとされます(『身近なことばの語源辞典』より。たとえば、森鴎外《もりおうがい》が一九一三年に発表した『鎚一下《ついいっか》』などにも出てきます)。

当時、「bureaucracy」の訳語として「官僚制度」などの言葉が広まり、これに伴って「官吏」(あるいは一般用語としてよく用いられていた「官員《かんいん》」)の類語として広く使われるようになったようです。おそらく、官僚主導的な意味での「bureaucracy」論と連動して、特に「上層部」を指すようになったのでしょう。戦時期には「革新官僚(第二次大戦期に総力戦のための国内体制再編を推進した官僚勢力)」などと呼ばれる官僚グループも登場しました。要するに、戦前から官吏の類語として用いられ、その延長上で、戦後には「狭義の国家公務員」、特に、そのうち上層を指すようになった、と考えればよいでしょう。

いっぽう、「役人」は、江戸時代の川柳《せんりゅう》「役人の子はにぎにぎをよくおぼえ」にも出てくるように、古くから一般的に使われていた言葉でした。『広辞苑(第6版)』によれば、「役所で公務に従事する人。官公吏。公務員」とされています。

図表3　官僚・公務員・役人の区別

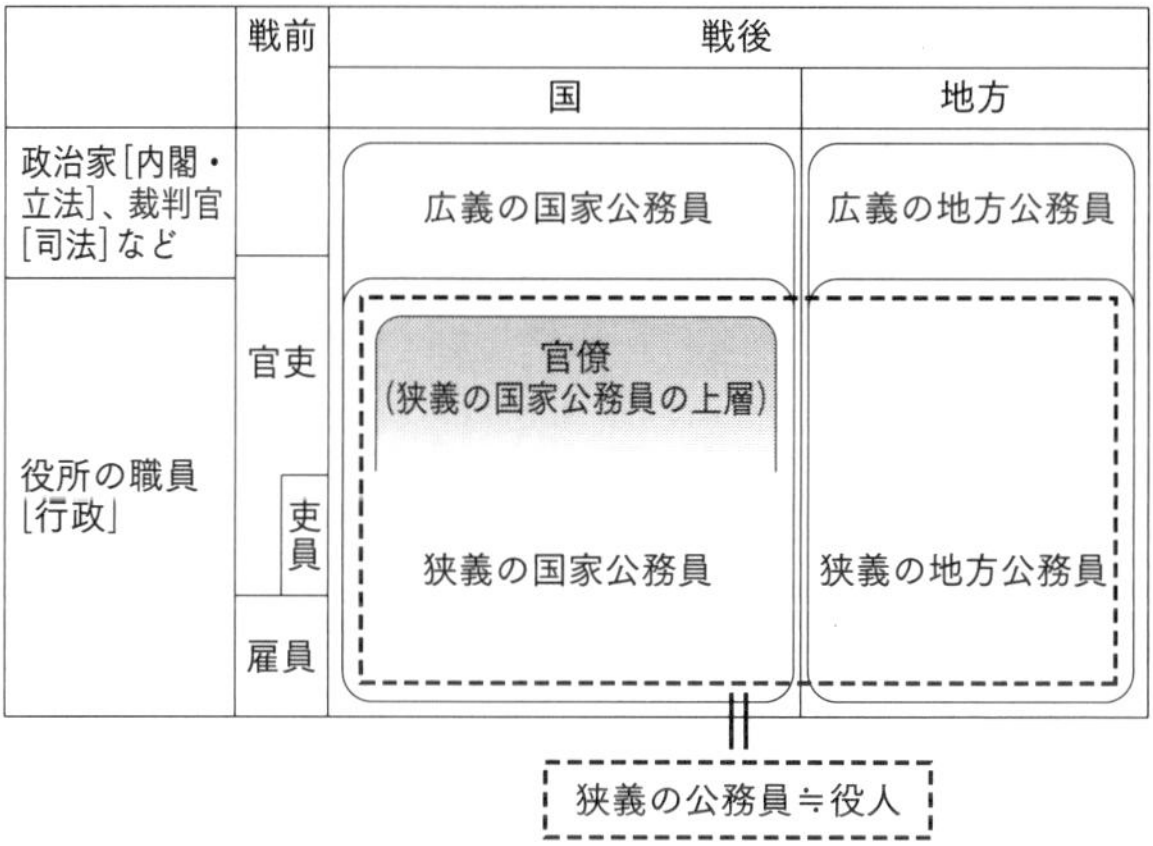

もともと「蔵役人《くらやくにん》」（蔵米《くらまい》・蔵物《くらもの》の出納《すいとう》をつかさどる各藩の役人）などの役職名もありましたし、「小役人《こやくにん》」という悪態が使われるように、特に上層を指す官僚と違って、現場レベルまで広く含む言葉と考えてよいでしょう。つまり、「狭義の公務員」とほぼ同じということです。

以上、狭義と広義が出てくるなど、頭がすこし混乱してしまったかもしれません。公務員、官僚、官吏、役人について図表3にまとめましたので、ご確認ください。

本書では、これらのうち、国の政策決定・実施プロセスで重要な役割をはたす「官僚」について、主に扱いますが、「公務員」に触れることもあります。この場合は、一般の用例どおり

「狭義の公務員」を指しています。

「官僚制」という言葉の意味

官僚という言葉に深くかかわる「官僚制（bureaucracy）」という外来語も、実はややこしい言葉です。日本語だけでなく原語でも、いろいろな意味で用いられることがあるからです。時には「批判的な意味合い（官僚主義、官僚的などのニュアンス）」で用いられ、時には「（批判的意味は抜きに）政府の行政組織」を指し、時には「民間企業などまで含めた、階層的な組織構造」を指します。

それでは、官僚制（bureaucracy）がこのような複雑な言葉になった経緯を、簡単にお話ししておきます。

官僚制は、英語で「bureaucracy」、ドイツ語で「Bürokratie」、フランス語で「bureaucratie」です。その言葉が最初に誕生したのは十八世紀のフランスで、フランス語の「bure（事務机にかける毛織物地《けおりものじ》）」に由来すると言われています。

西尾勝《にしおまさる》著『行政学（新版）』によれば、十八世紀末から十九世前半にかけて、これらの言葉が各国で定着していきますが、当初は、行政組織に対する否定的な用語（「呪《のろ》いの言葉」）でした。「組織内の服従の原理を組織外の臣民《しんみん》にまで強要する」「無際限の権力を追及せずにやまない」などといった、行政組織のマイナス面を説明するための用語として用いられたのです。

ところが、二十世紀に入ると、マックス・ウェーバー（一八六四〜一九二〇年）らが新たな理論を唱えます。つまり、行政に限らず、政党・労働組合・私企業なども含め、近代の社会組織に特有の合理的な構造として、官僚制をとらえたのです。西尾によれば、こうした経過を経て、官僚制という言葉は「高度に多義的な概念」に変貌《へんぼう》しました。

原語が多義的ですから、日本語に翻訳する際も、当初は迷いがあったようです。満鉄《まんてつ》（南満州鉄道株式会社）総裁や東京市長などを務めた後藤新平《ごとうしんぺい》（一八五七〜一九二九年）が、一九一一年に訳書『官僚政治（原著者ヨゼフ・オルツェウスキー、原題『Biurokracya』）』を刊行していますが、その序文で後藤は、「（ビューロクラシーという言葉は本来、行政組織に限ったものではないので、）官僚政治と訳すよりも、卓上論病《たくじょうろん》あるいは机上論病《きじょうろん》と訳すのがいいのではと……検討を重ねたのであるが、この世間の慣用にしたがって官僚政治とする」と記《しる》しています。

こうして、多義性による混乱を招きながらも、「官僚制」（当初は「官僚政治」「官僚制度」など）という言葉がわが国で定着し、それとともに、「官吏」の類語として「官僚」も多用されるようになっていきました。

マックス・ウェーバーが指摘した、官僚制の合理性

では、官僚制は、歴史的にはいつ生まれたのでしょうか？

一般に、社会学や行政学では、近代的な官僚制は、絶対君主制の時代のヨーロッパで生まれたと考えられています。君主たちは当初、人材を旧来の家臣団から登用しましたが、封建勢力の特権を剝奪《はくだつ》して近代化を進める過程で、社会的身分や門地《もんち》にこだわらずに人材を抜擢《ばってき》するようになりました。そうして、官僚制が形成されたのです。

もっとも、古代エジプト、帝政ローマ、科挙《かきょ》が実施されていた中国など、古くから官僚制と言える組織構造は存在していました。マックス・ウェーバーは、こうした古来の官僚制を「家産官僚制（＝奴隷《どれい》や封建家臣団など、身分の不自由な官吏で構成される）」と呼び、

「近代官僚制（＝自由な身分の官吏によって構成される）」と区別しました。

それでは、官僚を語るうえでの基礎知識として、ウェーバーの官僚制論を簡単にご紹介しておきます。

ウェーバーによれば、近代官僚制は、貨幣《かへい》経済の発展、行政事務の量的・質的拡大、社会的平等化などを前提として成立します。国の行政機関に限らず、政党、軍隊、教会、労働組合、大規模な私企業などにも見られ、特徴として以下の10項目が挙げられます。

・「人格的に自由」で、職責に服《ふく》するに過ぎないこと
・明確な「官職階層制」のもとにあること
・明確な「権限」を持つこと
・契約により、「自由な選抜」にもとづくこと
・「専門資格」にもとづき、（選挙ではなく）「任命」されること
・「定額の貨幣給」を受け取ること
・「職務専念」（兼業禁止）が求められること

・「昇進」が見込まれるが、上司の判断によること
・「公私分離」、つまり職務と私生活の分離がなされ、「官位占有」しないこと
・厳格で画一的《かくいつてき》な「規律」と統制に服すること

なお、項目の整理方法は論者によって異なり、たとえば、前掲書『行政学（新版）』では、これ以外に「文書主義」などを加えて12項目としています。

いずれにせよ、これらは、現在の日本の官僚制の構成原理（たとえば、国家公務員法上の俸給《ほうきゅう》制度、職務専念義務など）に、そのまま合致《がっち》していると考えてよいでしょう。

ウェーバーは、こうした特質を持つ近代官僚制の合理性を強調しました。彼は、完全に発達した官僚制機構とそれ以外の組織を、物の生産における機械生産と機械化以前になぞらえ、他のあらゆる形態に比べて純粋技術的に卓越《たくえつ》している。そして、それがゆえにひとたび形成されると、もっとも破壊困難な社会組織のひとつとして永続的性格を有《ゆう》する、と指摘しました。

これに対し、その後、ロバート・マートンの「官僚制の逆機能」論など（120～122ページ

で後述）、官僚制の非合理的な面に着目した理論が現われました。さらに、官僚を公益に忠実な主体（公僕《こうぼく》）と見るのではなく、「官僚も人間（自らの利益のための動く主体）」ととらえる「公共選択論」も生まれます。これらについては、追ってお話しすることにしましょう。

コラム③ 中国の科挙《かきょ》と日本の高等文官試験のパラドックス

中国では、六世紀に隋《ずい》の文《ぶん》帝が科挙制度を導入し、以後二十世紀に至るまで、官吏登用試験として実施されていました。受験勉強に十数年を要するなど、極端な難関試験という面がよく知られています。いっぽう原則として誰もが受験でき、採点者には座席番号しか知らせずに公正性を保《たも》つなど、驚くほど現代的な面もありました。

宮崎市定《みやざきいちさだ》著『科挙――中国の試験地獄』によれば、この制度は当初、それまで強力だった世襲の貴族集団に抗し、皇帝が戦うための武器として案出されたものでした。その後の唐《とう》代300年の間に目的がほぼはたされ、次の宋《そう》代には皇帝に刃向《はむか》う強力な貴族はいなくなったとされます。

その意味では、ヨーロッパにおける近代化プロセスを、はるか昔に先取りしていたと見ることもできるでしょう。

ただ、政策実務と無縁の古典教養ばかりを求める試験は、近代社会には適応できず、清《しん》の時代に科挙制度は廃止されました。同じ頃、隣の日本では、近代化のプロセスとして、門閥《もんばつ》や身分を超えた有為《ゆうい》な人材登用のために「高等文官試験」が導入されました。

R・M・スポールディングは『Imperial Japan's Higher Civil Service Examinations』（一九六七年）で、両国で同じく「Dragon Gate（登竜門）」と表現される人材登用制度がまったく逆方向に動いた「パラドックス」について、近代化にかかわる根本的な問題を提起するものと指摘しています。

第三章

日本の官僚の実像

「天皇の官吏」の誕生

日本で近代的な官僚制が形作られたのは、明治維新後のこと。当初は、一八六八年に公布された「徴士《ちょうし》制度」のもと、各藩の藩士などが徴用《ちょうよう》されました。清水唯一朗《しみずゆういちろう》著『近代日本の官僚――維新官僚から学歴エリートへ』では、こうした第一世代の官僚を「維新官僚」と呼んでいます。

このなかには伊藤博文《いとうひろぶみ》、大隈重信《おおくましげのぶ》らが含まれ、維新の元勲《げんくん》たちのもとで頭角《とうかく》を現わしていきました。同書では、当時の維新官僚と雄藩諸侯《ゆうはんしょこう》たちのせめぎあいや、政府が人材育成のため設けた大学南校《だいがくなんこう》（帝国大学の前身）での小村寿太郎《こむらじゅたろう》らの猛勉強ぶりから始まって、大正期に至るまでの官僚制の姿が生き生きと描かれていますが、以下では、ポイントだけ追っていきましょう。

明治政府では、徴士制度以降も、旧来の身分秩序を超えた人材登用や育成を進めてきました。しかし、薩摩《さつま》藩や長州《ちょうしゅう》藩などの藩閥《はんばつ》による情実《じょうじつ》人事も横行し、人材劣化《れっか》の問題が生じました。こうしたなか、初代総理大臣に就任した伊藤博文のもと、大学教育と試験制度を基礎とした、新たな官吏制が導入されます。

それが、一八八六年の官僚養成を主眼とする総合大学としての「帝国大学（のちの東京帝国大学）」の設置であり、一八八七年の「文官《ぶんかん》試験試補《しほ》及見習《みならい》規則」の公布です。

この制度は、伊藤自らが憲法調査団を率《ひき》いて欧州を回った成果を活かし、特にドイツ（プロシア）を参考に作られました。官僚任用のための公開試験の導入は、ドイツとフランスで先行しましたが、イギリスは一八七五年、アメリカは一八八三年ですから、世界でもかなり先端的な制度を導入したわけです。

以後これが、昭和期にまで至る（さらに、戦後のキャリア・システムにまで事実上継続する）官僚制の基本形となりました。初期の制度は次のとおりです。

・試験は、「高等試験（高等文官試験、高文《こうぶん》試験。大卒程度対象）」と「普通試験（普通文官試験。旧制中学卒程度対象）」のふたつに分かれる
・高等試験に合格すると、試用期間を経て（この間は「試補」）、「高等官《こうとうかん》」に任用
・普通試験に合格すると、試用期間を経て（この間は「見習い」）、「判任官《はんにんかん》」に任用
・帝国大学卒業生（法科、文科）は高文試験免除とする

図表4のとおり、これらは天皇からの距離に応じた区分です。そして、高等官と判任官は明確に区別され、高等官専用の食堂や便所が設けられるなど、いわば身分制だったのです。

なお、のちほどお話ししますが、こうした区分はキャリア・ノンキャリアとして戦後にも事実上引き継がれます。「食堂・便所まで差別とは、なんと前時代的な！」と思われるかもしれませんが、現在の財務省内のレストラン「テゾリーナ」は、筆者が霞が関で働いていた頃も「ほぼキャリア専用（それ以外の人も入っていけないわけではないが）」と認識されていました。

その後、一八九三年の「文官任用令」により、帝国大学卒業生の試験免除や試補制度が廃止され、奏任官への任用は高文試験合格者に限られました。

ただ、実際はその後も、東京帝国大学を中心に帝国大学出身者がほとんどを占めました。前掲書『近代日本の官僚』によれば、私学（私立大学・専門学校）出身の採用者は戦中までを通じて1割程度だったとされます。

また、帝国大学の成績優秀者は、教授の推薦で高文試験合格前に採用され、その後、試

図表4　戦前の官僚

親任官《しんにんかん》……	天皇の親任式を経て任命。内閣総理大臣、国務大臣、特命全権大使、朝鮮・台湾総督、枢密院議長、検事総長、陸海軍大将など	勅任官	高等官	官吏
勅任官《ちょくにんかん》……	親任官を除く。天皇の勅令によって任命。各省次官・局長、特命全権公使、帝国大学総長、府県知事、警視総監、陸海軍中将・少将など	勅任官	高等官	官吏
奏任官《そうにんかん》……	総理大臣が天皇に上奏して任命。各省部長・課長、陸海軍士官（少尉〜大佐）など		高等官	官吏
判任官《はんにんかん》……	各省大臣が総理大臣を経て上奏して任命。各省の下位の職員、陸海軍下士官など			官吏
雇員《こいん》・傭人《ようにん》・嘱託《しょくたく》……	各省が採用した事務員、現業員			

験準備をするという慣行もありました（こうした扱いを受けた者は「ファーストクラス」と呼ばれ、その他の高文試験合格者は「セカンドクラス」と呼ばれました）。

こうして、帝大法科の優秀者が官吏に、という伝統が生まれ、戦後にまで引き継がれていったのです。

超然主義と身分保障

官吏の戦前の特徴のひとつは、その地位の高さです。現在では考えられませんが、宮中席《きゅうちゅうせき》次《じ》（公的な宮中行事での座席順序）では、帝国議会議員と各省課長が同列と扱われました。

世間一般での認識も、たとえば、村から試験合格の官吏（郡長《ぐんちょう》）が生まれると、「二十代の若僧が床柱《とこばしら》を背にして坐《すわ》る。その前に居流《いなが》れて、いちばん先に盃《さかずき》をもらいにくるのが代議士を兼ねた町長」といった実態があったようです（金子仁洋《かねこじんよう》著『政官攻防史』）。

こうした世間の認識の背景として、辻清明《つじきよあき》著『日本官僚制の研究（新版）』では、以下のように記されています。

「明治憲法が発布された直後、伊藤博文が、府県会議長連を前にして、『蓋《けだし》君主ハ臣民ノ上ニ位《くらい》シ、各政党ノ外ニ立ツモノナリ、故《ゆえ》ニ一党派ノタメニ利《り》ヲ与へ、他ノ党派ノタメニ害《がい》ヲ与フルノ政治ヲ施《ほどこ》スヘキモノニアラス』と力説し、同じ頃、地方長官会議にたいし、黒田清隆《くろだきよたか》が、『政府ハ常《つね》ニ一定ノ方向ヲトリ、超然《ちょうぜん》トシテ政党ノ外ニ立チ至公至正《しこうしせい》ノ道ニ居《お》ラサルベカラス。……』と強調したことは……官僚機構の中立性に対する誤《あやま》った信仰を、広く国民の間に扶植するに役立ったといえるだろう。官僚と国家の自同性《じどうせい》という意識、官僚による国家意識の濫用《らんよう》という現象は、天皇制の確立にその利益を見出《みいだ》した明治政府の指導者が、意識的に採用した基本方策だったのである」

つまり、「政府（官吏）は国家のために働くが、政党（政治家）はそうではない（＝党派の利益のために動く）」という「信仰」が、明治憲法の起草者たちによって植えつけられたというわけです。

辻は、こうした官僚機構の中立性に対する信仰、ないし官僚と国家の自同性という意識は、その後、戦後に継続していくことも指摘しています。

戦前の官吏制で、その後の発展過程で形作られたのが「身分保障」です。

「公務員には身分保障がある（＝民間企業の従業員と違って、けっしてクビになることはない）」という話を聞いたことのある方も多いでしょう。本当は、制度と運用には乖離《かいり》があり、そう単純な話ではないのですが、詳細は第四章でお話しすることにします。ここでは、とりあえず「免職などされることはない」という程度に理解していただき、成立の経緯をお話ししていきましょう。

官吏制度の成立後の一八九八年、初の政党内閣である第一次大隈（重信）内閣が発足します。大隈内閣は、各省の次官、局長ポストをすべて勅任官（この時点では政治任用可能）とし、政党員の政治任用を乱発しました。

その後、同年十一月に藩閥内閣の第二次山県《やまがた》（有朋《ありとも》）内閣に代わると、こうした猟官《りょうかん》運動を封ずるため、文官任用令を改正して、勅任官の政治任用を原則禁止し、同時に、「文官分限令《ぶんげんれい》」「文官懲戒令《ちょうかいれい》」を定め、免官事由《めんかんじゆう》を限定して（懲戒処分、職務執行不能など）、いわゆる身分保障を確立したのです。

こうして、各省次官ポストまで高文試験合格者に限られることになりました。その後、次官経験者が大臣に任命されるケースも続出しました。しかし、大正期になって政党内閣が現われると、再び政治任用の範囲拡大と縮小が繰り返されました。

また、文官分限令の抜け穴を使い、政権交代のたび、休職規定により幹部を更迭《こうてつ》するようなことも起きました。一九三二年、五・一五事件を機に政党政治が終焉すると、政治任用の途は再び閉ざされ、身分保障も強化されました。

ＧＨＱでも変えられなかった官僚制

「天皇の官吏」の観念は戦後、一九四六年制定の日本国憲法によって、「すべて公務員は、全体の奉仕者であつて、一部の奉仕者ではない」と定められ、否定されました。戦後の国家公務員制度は、公務員への概念のねじれをもたらしながら作られたことは先にお話ししたとおりです。

そして、戦前の「勅令《ちょくれい》（帝国議会の協賛を経ずに天皇の大権によって制定された命令）」に代わり、一九四七年に「国家公務員法」が定められます。この時点では占領下であり、この法律はＧＨＱの指導のもとに作られました。

そのベースとなったのは、ブレーン・フーバー（アメリカ・カナダ人事委員会連合会会長、一八九三〜一九五〇年）を団長とする人事顧問団の「フーバー草案」です。特に重要なポイントは、「職階制《しょっかいせい》」の導入と、そのための「内閣から独立した強力な中央人事行政機関」の創設でした。

「職階制（position classification system）」とは、アメリカで生まれた科学的人事行政論にもとづく制度で、公務員の職務内容を地位ごとに具体的に規定し、その遂行に必要な能力を明らかにしたうえ、適任者を随時《ずいじ》任命していくしくみです。これは、アメリカの「開放型任用制」を前提としています。

岡田彰《おかだあきら》著『現代日本官僚制の成立――戦後占領期における行政制度の再編成』によれば、人事顧問団の問題意識は以下のようなものでした（フーバー顧問団中間報告要旨）。

日本の官僚制はいまだに封建的であり、高級官僚のポストはほとんど東大法科の出身者が占め、彼らはあらゆるチャンネルを通して改革の試《こころ》みに対してはサボタージュを行なっていること。したがって、日本の官僚制の改革には封建的官僚制から民主的官僚制への徹底した移行を必要とするが、西欧とは異なって、日本では短期間にこの移行を遂行しなければならないこと。そのためには、日本の官僚制の中に、速《すみ》やかに資格任用制（メリット・システム）の橋頭保《きょうとうほ》を確保することが必要であり、まず改革の第一歩として、強力な中央人事機関の設置が不可欠である。

一九四七年十月、片山《かたやま》（哲《てつ》）内閣のもとで、職階制の導入や中央人事機関の設置を内容とする「国家公務員法」が成立します。フーバー草案に一部修正を加え、中央人事機関は独立性と権能の弱い「人事委員会」とされました。

翌一九四八年、マッカーサー書簡にもとづき、国家公務員法改正がなされました。フーバー草案どおり、中央人事機関を強化することに加え、当時拡大していた労働運動抑制も課題となりました。改正点は、①中央行政機関を独立性の高い「人事院」に改めること、②労働基本権を大幅に制限すること、③事務次官を一般職（非政治任用）とすることの3点でした。

こうして、戦前の身分制的・特権的な官吏制度を改革すべく、新たな公務員制度がスタートしました。しかし、その柱であった職階制の策定は困難をきわめました。導入への反対意見も根強く、人事院は結局、策定を断念したまま半世紀以上放置することになりました（結局、職階制は実施されないまま、二〇〇七年に廃止されました）。

GHQが描いた新たなメリット・システムの制度化はできないまま、給与法上の等級格づけが代わりに用いられ、いわゆる「キャリア・システム」の運用もできあがっていきました。

高文試験などに代わる新たな試験制度として、「6・5・4級職採用試験」を経て、「上級（甲種《こうしゅ》・乙種《おつ》）・中級・初級」という試験制度（一九八五年以降はⅠ種・Ⅱ種・Ⅲ種）が作られました。このうち上級甲種（Ⅰ種）合格者を「キャリア」と扱い、スピード昇進させる運用が確立していったのです。かつての高等官と判任官という差別は、こうして運用上で引き継がれたのです（なお、こうした経緯については、川手摂《かわてしよう》著『戦後日本の公務員制度史――「キャリア」システムの成立と展開』で詳細に分析されています）。

前掲書『日本官僚制の研究（新版）』内の論文「戦後の統治構造と官僚制」（一九五八年発表）では、次のように記されています。

「公務員法や地方自治法の実施、内務省の解体、警察制度の再編成等に見られる制度改革はおこなわれたが、それすら表面を糊塗《こと》するだけに終《おわ》り、抜本的な改革を受けなかったのみか、逆に、昭和二六年五月における『占領制度の行き過ぎ是正』というリッジウェイ声明を好機至れりとなして……当初の制度改革すら、漸進的《ざんしんてき》に換骨奪胎《かんこつだつたい》しつつある状況である。

……元来、公務員制度の目的は……民主国家では自明《じめい》であるべき官民自同制の原則を、実施するところにあった。それは、ひとり『官尊民卑《かんそんみんぴ》』の俗称によって周知であるところの特権官僚の牙城《がじょう》に改革の手を加えるだけではなく、少数の高文官僚にだけ与えられる『昇進階梯《かいてい》』を打破することによって、広く官庁内部の民主化をも企図《きと》していたのである。……（その後の経過により）公務員制度の樹《た》てた当初の清新な目的が……なし崩《くず》しに消える惧《おそ》れのあることは、かなり明瞭といってよい。官僚機構は、このようにして、啻《ただ》に温存されたのみならず、民主政治の行き過ぎ是正という名目で、却《かえ》って強化される傾向すら示しているといってよかろう」

要するに、戦後の官僚制度の転換は、「官吏から公務員へ」というキャッチフレーズ的な変革はしましたが、いわゆる〝看板の掛《か》け替え〟の面が強く、内実は戦前の官吏制度が相当程度引き継がれていきました。

加えて、「官吏から公務員へ」という改革、そしてそれに伴う公務員概念のねじれには、もうひとつの効果（あるいは隠された意図？）もあったのかもしれません。つまり、本来は、「広義の公務員（議員まで含む）＝全体の奉仕者」だったはずが、一般には、「狭義の公務員（議員は含まない）＝全体の奉仕者」として広められました。

この結果、辻の言う、明治憲法起草者たちの広めた官僚機構の中立性に対する信仰（あるいは、官僚＝国家という意識。78ページ参照）が戦後にもそのまま引き継がれ、官僚こそ全体の奉仕者（政治家はそうではない）と認識されていったのではないかとも考えられます。

官僚こそ全体の奉仕者という認識は、現在も、霞が関の官僚たちの意識のなかに根強く残っています。このように、官僚を特殊な存在ととらえる意識の問題については、第四章でまたお話しします。

国家公務員試験

それでは、官僚とは実際にどんな人たちなのか、どんな仕事をして、どんな行動原理で動いているのかなど、その実像を見ていきます。

官僚になるためには、国家公務員試験を受けるのが基本的なルートです。試験には、次の三つの種類があります。なお、これ以外に中途採用のための「経験者採用試験」も導入されましたが、まだ人数は限られています（以下、人事院の説明資料より）。

・総合職試験：院卒・大卒対象。政策の企画及び立案又は調査及び研究に関する事務をその職務とする係員の採用試験
・一般職試験：大卒・高卒対象。定型的な事務をその職務とする係員の採用試験
・専門職試験：大卒・高卒対象。特定の行政分野に係る専門的な知識を必要とする事務をその職務とする職員を採用する試験

前節で、戦前の「高等文官試験・普通文官試験」が、戦後の「上級（甲種・乙種）・中級・初級（一九五〇年代～）」から「Ⅰ種・Ⅱ種・Ⅲ種（一九八五年～）」と名称を変えながら、引き継がれていたことをお話ししました。二〇一二年度から、これを再編して、新たに導入されたのがこの試験です。

試験区分は、さらに細《こま》かく分かれます。たとえば、総合職試験の大卒レベルの場合、「法律」「経済」「工学」などの区分に分かれ、それぞれの区分の専門分野に応じて、一次

試験（教養分野、専門分野のマークシート型試験）、二次試験（論文試験と面接による人物試験）がなされます。

試験問題は各省共通で、人事院が行ないますが、採用は各省ごとです。一般には、最終合格が決まる前の段階から、受験者たちは各省を回り（これを「官庁訪問」と言います）、人事担当者（各省に「人事課」「秘書課」などの名称の人事担当課があります）やリクルーターたちの面接を受けます。試験と採用面接が並行《へいこう》して進み、最終的に、試験合格を条件として、各省で採用決定します。

キャリアとノンキャリア

国家公務員として、各省で採用されると、それぞれの省のなかで、係員→係長→課長補佐→課長と昇進していくことになります。その先には、さらに部長（課長と局長の間として審議官《しんぎかん》というポストもあります）→局長、そして試験採用公務員の最高ポストとして、事務次官があります。

ひとつのポストへの在職は通常2年程度で、人事異動を繰り返すことが一般的です。その間、一時的に他省に出向することはありますが、入省した省から他省に転籍することはまずありません。また、関係団体、自治体、大使館や海外関係機関などでの勤務を経験することもあります。

キャリアとノンキャリアの間には伝統的に、厳然たる差がありました。

Ⅰ種（一九八五年以前は上級甲種）試験に合格して採用されたキャリアは、入省後数年で係長から課長補佐になり、20年程度で課長、といったスピードで昇進していきます。そこでは、厳格な年功序列にもとづく人事がなされ、同期入省者はいっせい昇進し、一年次下《ねんじ》の後輩が先輩を追い越すようなことはありませんでした。

さらに、部長→局長→事務次官（部長以上のポストは「指定職」と呼ばれます）となっていくと、だんだんとポストの数が限られ、いっせい昇進は困難になります。そうすると、組織内で格差をつけるのではなく、代わりに外郭《がいかく》団体などに天下りポストを用意して早期退職を勧奨する（あくまで「勧奨」ですが、ほとんどの人はこれを受け入れます）というのが慣行でした。

いっぽう、Ⅱ種・Ⅲ種（一九八五年以前は中級職・初級職）試験に合格して採用されたノンキャリアの場合、定年まで課長補佐か、せいぜい課長に準ずるポストぐらいまで、が一般的でした。稲継裕昭《いなつぐひろあき》著『日本の官僚人事システム』では、これを「二重の駒形《こまがた》モデル」と名づけ、説明しています（図表5）。

こんな前時代的な身分差別のようなことはおかしいのではないか、との批判は古くからありました。学歴と就職後の仕事ぶりが必ずしも直結しないことは、どこの組織でもあることで、官庁も例外ではありません。

二〇〇七〜二〇〇八年、キャリア・システムの廃止を目指した制度改正がなされました。「総合職・一般職・専門職」という新たな国家公務員試験制度が導入されたのは、その一環です。そして、同期いっせい昇進の見直し、Ⅱ種・Ⅲ種職員の幹部登用なども進められつつあります。

ただ、少なくとも現時点では、まだわずかな変化にとどまっていると言わざるをえません。政府は、「採用年次及び採用試験の種類にとらわれない人事管理」に転換する方針を定め、二〇〇九年以降、改善状況のデータを毎年公表しています。

これによれば（二〇一四年度）、本省課長以上に昇任した職員のうち、Ⅰ種が87・7％

図表5 官僚の昇進システム

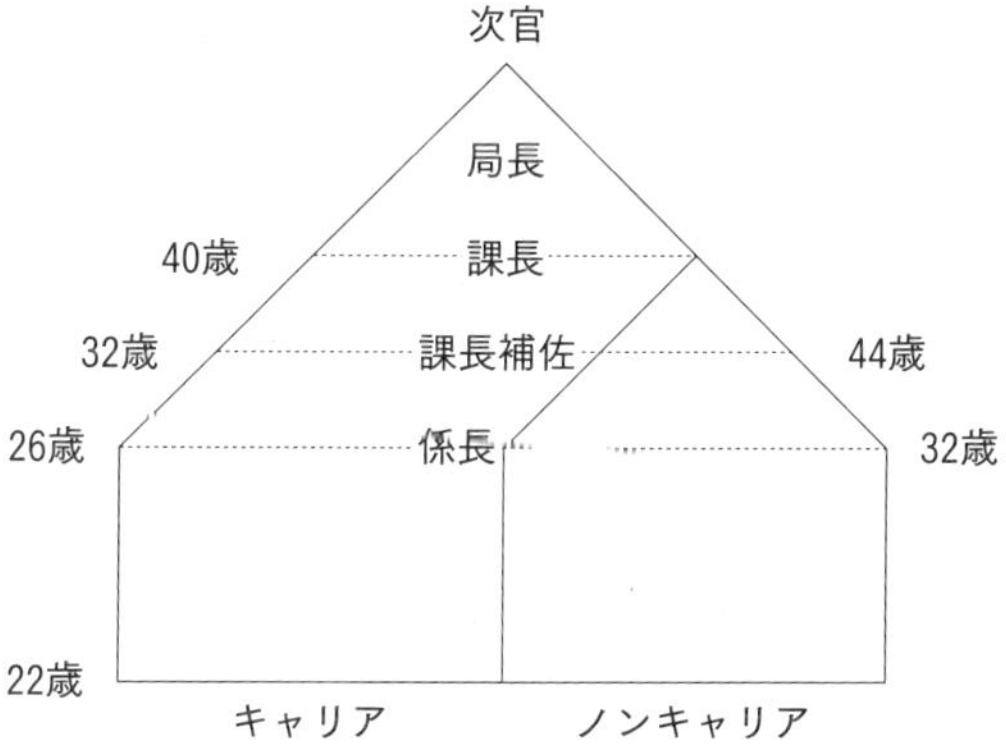

（出典／稲継裕昭著『日本の官僚人事システム』）

（昇進時の平均勤続年数26・5年）、Ⅱ種が3・4％（同34・5年）、Ⅲ種が5・0％（同38・5年）でした。さらに本省部長以上への昇進では、Ⅰ種が93・9％を占めます（二〇一二年度）。

ちなみに、在職者総数における比率は、Ⅰ種が6・7％、Ⅱ種が22・9％、Ⅲ種が56・5％、その他（国税専門官試験など）が14・0％です（二〇一三年度）。

こうして見ると、相変わらず、全体ではごくわずかのⅠ種職員が幹部ポストをほぼ独占する差別的運用、と映《うつ》るのではないでしょうか。それでも、このデータは、あくまで「採用試験の種類にとらわれない人事管理に転換し始めています」という趣旨で、政府が公表しているものです。
それほど、キャリアとノンキャリアの差別の伝統は強固であり、現在も残っています。

事務官と技官

役所内の身分制は、これだけではありません。キャリアのなかに、さらに「事務官」と「技官」という区分があります。事務官は、試験区分では「法律」「経済」などの文系分野、技官は「土木」「建築」「機械」などの理系分野（現在は「工学」などに一括《ひとくく》り）で採用された公務員を指します。

同じキャリア（Ⅰ種）にもかかわらず、両者の出世、特に幹部（指定職）クラスへの昇進可能性には、伝統的に大きな隔《へだ》たりがありました。

これも戦前以来続く問題で、西川伸一《にしかわしんいち》著『官僚技官――霞が関の隠れたパワー』によれば、一九三〇年代には内務省の土木技官らが中心となって、「六省の中堅技術官僚〝革新〟烽火《のろし》をあぐ、法科万能の鬱憤《うっぷん》爆発」と報じられる運動を起こしたこともありました。

戦後になり、省によっては、技官の地位向上は一定程度、実現しました。旧・建設省

（現・国土交通省）はその代表格で、事務官と技官が交互に事務次官に就任する慣行になっていました。また、旧・建設省ほどではありませんが、旧・運輸省（現・国土交通省）も技官の力が比較的強いほうでした。現在の国土交通省も、その伝統を引き継ぎ、「技監《ぎかん》」という技官専用の次官級ポストが用意され、事務次官ポストにも何代かおきに技官が就任しています。

いっぽう、技官の地位の低かった代表例が農林水産省で、「準キャリア扱い」とさえ言われていました。筆者の在籍した経済産業省（旧・通商産業省）も、課長補佐ぐらいまでは事務官・技官がほぼ同じように扱われるものの、幹部クラスになると技官用のポストが急速に減っていき、人材が有効に活用されない不合理な慣行があたりまえのようになっていました。

事務官・技官もキャリア・ノンキャリアと同様、採用試験にとらわれない人事管理への転換が進められつつありますが、やはり、古き「法科万能」的な意識は、現在も根強く残っています。

こうした身分制の背景には、戦前の帝大法科がもともと官吏養成機関として創設されたことがあります。その伝統をひきずり、しばらく前までは、「高級官僚は東大法学部卒ばかり」などと言われていました。

筆者が通商産業省に採用されたのは一九八九年ですが、当時は、通商産業省のほか、大蔵省（現・財務省）、自治省（現・総務省）などの人気官庁では、事務官キャリアの採用者のうち（省によりますが20人程度）、「大半は東大法学部、数人は東大経済学部、それ以外は2～3人」が標準的でした。「学閥《がくばつ》」というより、「東大法学部卒があたりまえ」という状態でした。

しかし、さすがに最近では大きく変わってきました。一九九〇年代から公務員不祥事などを背景に東大生の「官僚離れ」が指摘されるようになり、法科大学院創設（二〇〇四年）なども経て、二〇一二年度の事務系I種採用者を見ると、東大法学部比率は霞が関全体では20・4％に低下しています。

たとえば、経済産業省では二〇一二年度の入省24人（事務系I種）のうち、東大経済学部3人、東大大学院公共政策3人、東大大学院工学系3人、京大法学部2人、慶応義塾大法学部2人、東大法学部2人、ほか1人ずつなど、かつてとは様変《さまが》わりしています。

官僚機構は、古き日本の縮図

　このように、古くさい身分制が残されているように、官僚機構は、日本社会の古き歪みの縮図でもあります。

　最近、安倍首相が「女性が輝く社会」を強く唱えています。現状では女性が十分に輝けていないという裏返しですが、政府は「2020年までに指導的地位に占める女性の割合30%」という目標を掲《かか》げ、さまざまな政策を集中的に講《こう》じ始めました。

　では、首相の直轄《ちょっかつ》下にある国の官僚機構はどうなっているのでしょう？　安倍首相は二〇一四年秋に「まず隗《かい》より始めよ」と言って、二〇一五年採用の国家公務員の3割を女性にすることを表明しました。しかし、「指導的地位」に関して見れば、日本社会の平均をはるかに下回るひどい状態です。

　本省課長・室長以上のうち、女性管理職は9839人中326人、わずか3・3%にすぎません（二〇一四年九月）。人事院（12・4%）、文部科学省（9・9%）などは、伝統的に比較的高いですが、国土交通省、防衛省、総務省、農林水産省など1%台の省も少なくありませんし、警察庁など1%未満のところもあります。

ちなみに、民間企業（従業員100人以上）の女性管理職（課長相当職以上）は7・5％（二〇一三年六月）、都道府県や市町村の女性管理職はそれぞれ7・2％、13・1％（二〇一四年四月）です。

また、男性ばかりと指摘されがちな議会でも（だからセクハラやじなどが横行する）、衆議院9・5％、参議院15・7％（二〇一四年十二月）、都道府県議会8・8％、市区議会13・6％、町村議会8・7％が女性ですから（二〇一三年十二月）、国の官僚機構が、日本社会のなかでも、いかに突出して取り残された「男性社会」かがわかります。

女性の活躍を阻む最大の要因は、長時間労働があたりまえの職場環境です。「霞が関女性職員に対するアンケート集計結果（I種採用10〜20年目の女性職員対象、二〇一四年四月実施）」によれば、「子どもがいない女性職員の約半数は月60時間以上の残業、うち約2割は月80時間以上」というのですから、ブラック企業レベルの過酷な環境です。

筆者が勤務していた当時の職場の雰囲気を考えても、家庭を顧《かえり》みず、夜中まで働くのがあたりまえ（家庭のことは奥さんに任せきり）という古い男性社会的文化が、多くの民間企業以上に根強く残されていたように思います。こうした組織文化が女性活躍を阻み、女性が少ないがゆえに古い組織文化が改まらない、という悪循環《あくじゅんかん》が続いているのです。

　さらに、日本社会のもうひとつの代表的な歪みである、非正規問題にも触れておきましょう。ここでも、官僚機構では、歪みがより大きく表われています。

　さきほど、官僚になるためには、国家公務員試験を受けるのが基本的ルートとお話ししましたが、これは、いわゆる正規相当の国家公務員のことです。これ以外に「非常勤職員」と呼ばれる人たちも相当数おり、事務作業や秘書業務などをこなしています。民間の職場でもよくあることですが、「正規」よりずっと有能な「非正規」職員がいることも、けっして稀《まれ》なことではありません。

　ところが、その待遇格差は、民間企業以上に歴然としています。正規の国家公務員の場合、のちほどお話ししますが、人事院勧告制度によって、民間並み＝民間の正規社員並みの給与水準が確保され、加えて、公務員特有の身分保障によって民間以上に安定的地位が与えられます。

　他方、非正規職員の場合は、こうしたしくみはまったく適用されません。各省のホームページを見ると、「日給８０００円弱プラス交通費」「１年契約、更新《こうしん》あり」といった求人情報がずらりと並んでいます。正規・非正規の格差問題は、政府にとっての重要課題ですが、まずは政府内部にも目を向けるべきでしょう。

官僚の三大業務① 国会対応

官僚はかなりの長時間労働である、とお話ししました。長時間労働の要因としてしばしば指摘されるのが、「国会対応」「予算要求」「法案作成」という三大業務です。まず、国会対応からお話ししましょう。

テレビでの国会中継（現在、インターネットですべての委員会が視聴可能）を見ていると、野党（与党）の国会議員が質問をして、それに対して、政府側の大臣らが答弁します。その時、大臣らがたいてい紙を手に持ち、時々目を落としながら答弁しています。この紙こそ、官僚が作成した「答弁書」と呼ばれる答弁資料です。質問者の質問項目ごとに一問一答形式で作られ、質問が数十問あれば、数センチの厚みの膨大《ぼうだい》な資料になることもしばしばです。

こうした答弁書を、なぜ官僚があらかじめ作ることができるかというと、事前に（たいていは前日に)、官僚が質問する議員を訪《たず》ねてどういう質問をするかを聞くしくみになっているからです(「質問取り」や「質問レク」と言います)。議員がどの大臣に質問をするのかを政府側に連絡し(「質問通告」と言います)、それを受けて、質問取りが行なわれます。

問題は、議員によっては、質問通告が前日夜、しばしば深夜になることです。いちおう「質問通告は前々日の昼まで」という与野党申し合わせが過去になされていますが、あまり守られることはありません。議員側が、ついぎりぎりまで質問の準備をしたくなる気持ちもわからないではありませんが、質問通告が前日夜になった場合、官庁側での対応は次のようになります。

まず、質問通告が出るまで、どこの部署が担当する質問が入るかわからないので、関係部署すべて(全大臣に質問できる予算委員会の場合などは霞が関全体)が、勤務時間終了後も待機(「国会待機」と言います)となります。その後、質問取りまで終わると、今度はどこの部署で答弁書を書くかを割り振り(どの部署の担当かが不明確な場合、ここで、揉《も》めて時間がかかることもあります)、割り振りが決まると、担当部署で答弁書の案を作り、関係部署と協議調整して、大臣官房(あるいは、総理答弁の場合は、首相官邸)の確認を経て、ようやく完成――。

これでは、深夜0時を過ぎることもあたりまえで、〝不夜城《ふやじょう》〟霞が関の大きな要因を作っています。

官僚の三大業務② 予算要求

予算要求や法案作成も、霞が関官僚のなかで大きなウェイトを占めます。政策の実施には、お金（予算）や制度の枠組み（法律）が必要だからです。こちらは、〝受け身〟の国会対応と違い、〝積極的〟に政策を作っていくプロセスと言えるかもしれません。

関係者や学識《がくしき》経験者などと接して政策のニーズを汲《く》み取り、検証を重ねながら政策案をまとめ、必要な予算や法律を組み立てていくという一連の流れは、官僚たちにとって醍醐《だいご》味《み》であり、腕の見せどころでもあります。

ただ、これらのプロセスにも、やっかいなことがいろいろあります。予算要求の場合、一年がかりの長期戦です。日本の予算年度は四月から三月までで、毎年、国会で予算が成立するのは前年度の三月です（たまに年度を超えてしまって、暫定《ざんてい》予算が必要になることもあります)。そこに向けての予算要求プロセスがいつ始まるかというと、一般には前年春です。

まず、春頃から、担当部署で翌年度の予算のプランを検討、その後、省内での予算ヒアリング(それぞれの担当部署から会計課に説明)が始まり、省内での査定を経て、八月に各省から財務省に概算要求を提出します。そして秋には、財務省のヒアリング(各省から財務省主計局《しゆけいきよく》に説明)が行なわれ、年末に予算査定を経て、政府予算案がまとまり、翌年の国会で予算審議、といった流れで、ともかく相当の時間と労力をかけることになります。

このプロセスからもわかるように、予算獲得は過剰に時間がかかり、そちらにばかりに熱心になるため、「予算獲得後の実施はおろそかになりがち」と指摘されることもよくあります。官僚たちにとっては、次年度の政策のために必要だから予算要求するというより、むしろ予算獲得そのものが目標になっていることが少なくありません。

特に、秋から年末にかけての予算査定プロセスは、官僚たちにとって相当の負荷のかかる時期です。財務省から各省の担当部署に対し、頻繁に説明や追加資料の要求がなされ、予算獲得のために、最優先で対応しないといけないからです。

ちなみに、財務省の予算ヒアリングでは、一般に、各省の課長クラスが財務省の主査《しゅさ》（課長補佐クラス）に、各省の部長・審議官クラスが同主計官（課長クラス）に、各省の局長クラスが同主計局次長といったように、各省の1ランク上位のクラスの官僚が、財務省主計局に説明に行くことが慣習です。

ランクにうるさく、「課長には課長が対応」が原則の霞が関では、これは異例のことです。これが、霞が関のなかで財務省が「一段上」と言われる所以《ゆえん》です。

官僚の三大業務③ 法案作成

法案作成も、官僚の重要業務です。

第一章でもお話ししましたが、日本では、国会が「立法府《りっぽうふ》」と言っても、実際に法案を書いているのはほとんどの場合、官僚です。最近でこそ、議員立法が成立するケースも増えてきましたが、それでも、成立する法案の大半は内閣提出法案です（成立法案に占める議員立法法案の比率は、一九八六～一九八九年10・9％、一九八九～一九九三年13・2％→二〇一三～二〇一四年21・1％）。

内閣提出法案の場合、担当省庁の官僚が条文を作り、最終的には閣議決定して、法案を提出します。このプロセスでは、予算要求での財務省主計局にあたる存在として、内閣法制局という役所が登場します。各省で法案を担当する官僚たちは、連日ここに通って条文審査を受け、指摘事項を持ち帰って資料を準備することを繰り返します。

国会に提出した法案が、万一にもまちがいがあったら大問題になるので、条文審査は厳密で時間を要します。また、法律改正の場合は「改《かい》め文《ぶん》」という特殊な文法で条文を書くことを求められる（一般の人が改正法の条文を見ても、解読はほぼ不可能です）など、外界とは隔絶《かくぜつ》された特殊な負荷のかかる業務でもあります。

ミニ政治家

予算要求や法案作成などのプロセスのパーツとして、「審議会」もよく出てきます。政策決定過程で民間人有識者《ゆうしきしゃ》などの意見を聴くステップですが、こうした審議会の運営も、官僚の重要業務です。

審議会の提言・答申《とうしん》・意見書などは、審議会委員（民間人有識者）らの名前で出されますが、本人たちが自分で文章を書くことはごく稀《まれ》です。通常は官僚が文案を作り、各委員に説明して回り、意見を反映していく流れです。

また、プロセスのパーツとして、「各省協議」という仕事もよく出てきます。政府としての正式な決定は閣議決定ですが、閣議は全会一致《ぜんかいいっち》が不文律《ふぶんりつ》です。すべての省と事前に合意ができていない限り、閣議に案件を挙げることはできません。このため、各省協議は官僚にとって重要で、しばしば残業につながります。

官僚が課長に昇進し、さらに部長、局長になっていくと、国会待機や条文作成などといった事務作業は減っていきます。そのかわり、大きなウェイトを占めるようになるのが、国会議員への説明・根回しです。

たとえば、法案作成のプロセスでは、閣議決定前に、与党での決定（自民党の部会、政務調査会、総務会での了承など）を経なければなりません。そのため局長・部長・課長らが手分けして、関係議員に事前説明をして回ることになります。

万一この事前説明で失敗して、与党プロセスで不測の停滞を生じさせるようなことになれば、その官僚は「幹部失格」のレッテルを貼られかねません。そこで、幹部になるほど、国会議員、とりわけ族議員との良好なネットワークが重要になります。

また、与党内でも賛否両論が分かれるケースなどでは、官僚たちが「(反対議員も納得する)落としどころ」を描き、関係議員の間をぬって調整して回ることもよくあります。ここまでくると、官僚というより、もはや〝ミニ政治家〟です。

こうした実務に長《た》けたミニ政治家を、本物の政治家たちが重宝《ちょうほう》し、頼りにしてきた結果がいわゆる「官僚主導」と見ることもできます。

官僚の出世と給与

すでにお話ししたように、幹部クラスに昇進していく官僚は、これまでは少なくとも、Ⅰ種(旧・上級甲種)試験に合格したキャリアに事実上限られてきました。また、キャリア、事務官・技官という事実上の身分の枠内で、入省年次にもとづく厳格な年功序列が守られ、先輩を追い越すことはない人事運用が、伝統的に行なわれてきました。

それでは、ひとたび官僚になってしまえば、その後は競争と無縁の社会かと言えば、そんなことはありません。

日本の高度成長期以来の長期雇用型企業では、「年功序列」が維持されるいっぽう、「仕事競争」、つまり良いポストを巡る競争はなされていました（八代尚宏著『労働市場改革の経済学』）。官僚の場合、その極端な事例と言えますが、昇進度合や給与で差がつかないかわりに、事実上の身分の枠内では、民間以上に熾烈《しれつ》な仕事競争がなされてきました。

たとえば財務省の場合、優秀な官僚は主計局を中心に配属されることが一般的です。岸《きし》宣仁《のぶひと》著『財務官僚の出世と人事』では、主計局から他局に人事異動になった官僚が落胆する様《さま》が生々《なまなま》しく描かれています。

省によっては、良いポストがそこまで明確に固定していないこともありますが、それでも、上司・先輩たちに高く評価してもらって良いポストを得るべく、出世競争がなされることは変わりません。こうした競争を経て、ポスト数の限られた局長に昇進できる官僚が選抜され、最終的に、一般には同期でひとりだけの事務次官が選ばれるわけです。

給与も、厳格な年功序列のもとで横並びが伝統です。最近になって、すこしずつ差がつくケースも出てきましたが、まだ限られています。

給与は、毎年出される「人事院勧告」にもとづき、国会で決定されるしくみです。公務員は労働基本権が制約され（労使《ろうし》協約の締結《ていけつ》やストライキはできません）、自ら労使交渉で給与を決められないので、その代償措置《そち》として、人事院が民間企業の給与水準を調べ、それと均衡《きんこう》するように給与水準を示すしくみになっているのです。

ちなみに、二〇一四年の人事院勧告の際の公表資料によれば、官僚の年間給与は次のような水準です。

事務次官　　　　　　　　　　２２９４万１０００円
本省局長　　　　　　　　　　１７４７万２０００円
本省課長（45歳、配偶者＋子２人）１２００万７０００円
本省係長（35歳、配偶者＋子１人）　４７５万円
本省係員（22歳、大卒初任給）　２７９万４０００円

ブラック企業並みの長時間労働とお話ししましたが、それに伴う残業代がちゃんと出るかというと、そうでもありません。筆者が勤務していた頃の経験では、１００時間残業し

て20～30時間分ぐらいしか手当てが出ないこともしばしばでした。

官僚の行動原理

では、官僚は、いったい何を目指して、仕事をしているのでしょうか?

論者によっては「天下りポストや利権確保ばかりを考えて仕事をしている」などと断《だん》ずる人もいるいっぽう、「志《こころざし》の高い官僚はたくさんいる」という反論もあります。

もちろん、個人差が大きな話ですが、筆者がこれまで膨大な数の官僚たちと接してきた経験からすれば、「公共のためなどという意識は皆無《かいむ》」という人にはほとんど会ったことがありません。他方で、「純粋に公共のためだけに仕事をしている」という人も、まず存在しないでしょう。総合職の新人職員のアンケート調査(二〇一四年)によれば、「国家公務員になろうとした主な理由(三つまで複数回答)」は次のようです。

1位 仕事にやりがいがある(70・5%)
2位 公共のために仕事ができる(68・9%)

3位　スケールの大きい仕事ができる（48・7%）

これは、筆者が多くの若手官僚たちを思い浮かべても、そのとおりだろうと思います。最初から「利権を作りたい」などと考えて、官庁に入る人はまずいません。ただ、問題は、官庁に入ると、いろいろなしがらみや考慮《こうりょ》要素が出てくることです。

たとえば、役所の先輩（OBを含め）や有力議員からなんらかの「要請」を受け、それが自らの考える「公共のため」とずれている時、どちらを採るかの判断を迫《せま》られることになります。要請が明らかに違法・悪質ならば、突っぱねる官僚がほとんどでしょう。しかし、違法・悪質というわけではなく、また、要請に沿わなければ出世競争に響《ひび》く懸念があるなどの場合、「公共のため」を貫《つらぬ》くことのできる強靭《きょうじん》な人はそんなに多くはありません。

こうしたことは、官僚の世界に限らず、どこの組織にでもあることです。ただ、官庁の場合、民間企業と違って、収益や売上などのわかりやすい指標が存在しません。何が「公共のため」かの判断が難しいだけに、より、しがらみにひきずられやすい（官僚の人格や資質の問題ではなく、構造上の問題として）という面はあるでしょう。
真渕勝《まぶちまさる》著『官僚（社会科学の理論とモデル8）』では、官僚の戦後の変遷を次のように描いています（要旨）。

一九六〇年代まで、ほとんどすべてのキャリア官僚は「国士《こくし》型官僚（政治家や利益団体は狭い利益しか考えないのに対し、官僚だけが公共の利益を考え、国家を背負っているという強烈な自負心を持つ）」だったが、一九七〇年代以降、「調整型官僚（政治や利益団体のさまざまな主張を交通整理することが官僚の役割と考える）」が登場し、さらに一九八〇年代中頃以降は、「吏員型官僚（自己防衛的に必要最小限の仕事だけしようと考える）」も現われた。

筆者が通商産業省に入ったのは、ここで言う第三期の一九八〇年代末ですが、3タイプの変遷は筆者の経験的感覚とも一致します。一九八〇〜一九九〇年代はじめは、まだ国士型官僚の残像があったように思います。周囲の先輩・同僚たちには、強烈な自負心に支えられ、時に上司と対立し、政治との緊張関係を招いてでも、自らの考える「公共のため」

を実現しようとするタイプが少なからず存在しました。また、そうした人たちを高く評価する組織文化もあったと思います。

しかし、徐々に、そうしたタイプの官僚たちは姿を消し（若くして役所を去ってしまった人たちも多く）、かわって、そつなく仕事をこなすタイプが増えていきました。二十一世紀に入ると、「調整型官僚」が優秀な官僚のロールモデルとして主流になっていきました。

筆者の印象では、吏員型官僚は存在するとしても一部の例外と思っていましたが、最近（特に民主党政権を経て以降）は、そうでもないようです。

ここ2年ほど、筆者は民間人の立場で政府の委員会などに参加し、各省の官僚と議論する機会が多くあります。そうしたなか、時々、政策論のロジックは抜きで「それは、与党議員の間で反対が強いのでできません」と主張する官僚たちに出会い、驚くことがあります。公式の会議で官僚がこうした発言をすることは、かつてはあまり見かけませんでした。調整型官僚は、調整を円滑に進めるために政策論のロジックを駆使《くし》したものです。それさえ放棄したのでは、「吏員型官僚＝単なる連絡係」と言わざるをえません。

もちろん、省によって組織文化の違いはありますし、個人差はおおいに存在します。ただ、一般的な傾向として、国士型→調整型→吏員型という流れが起きていることはそのとおりでしょう。

コラム④ アメリカにおける官僚の5類型

アメリカの公共選択論の先駆者《せんくしゃ》のひとりであるアンソニー・ダウンズ（ブルッキングス研究所上級研究員）は、一九六七年刊行の『Inside Bureaucracy（邦題『官僚制の解剖――官僚と官僚機構の行動様式』）』で、官僚の典型的なタイプとして以下の5類型を示しています。

(1)「立身出世的人間（クライマー）」：権力・収入・威信を重視し、上昇を目指す

(2)「保守的人間（コンサーバー）」：安全・便宜を重視し、安定的な将来を望む

(3)「情熱的人間（ゼロッツ）」：専門的な知識にもとづいて、自分にとって神聖な政策を推進しようとする

(4)「提唱的人間（アドボケイツ）」：組織に忠実で、組織の利益拡大を目指す
(5)「政治家的人間（ステイツマン）」：公共の利益に忠実、行政学の教科書に見られる理論上の官僚

ダウンズは、こうした官僚たちがそれぞれ、「公共の利益」と「個人の利益」の双方を追求する結果、官僚機構で公共の利益が歪められることを指摘しました。

この5タイプも、国士型・調整型・吏員型とは違った切り口ですが、現実の官僚にあてはまる秀逸《しゅういつ》な類型化だと思います。

筆者の印象では、日本の官僚機構では、「提唱的」「立身出世的」の活躍が目立ち、「保守的（≒吏員型に近い？）」が数的には増加し、いっぽうで「政治家的（≒国士型の自己認識？）」は少ないように思います。

自らは「政治家的」と思っていながら、実は（特定利益に偏った）「提唱的」になっていることもあるように思います。これは、第四章でお話ししますが、日本の官僚機構で特に顕著な「縦割り（セクショナリズム）」と関わります。

第四章

官僚の問題点

1　官僚批判の概観《がいかん》

官僚批判の3類型

官僚批判はここ数年、一種の流行のようになりました。ひとつのきっかけとなったのは、二〇〇九年の政権交代でしょう。

政権交代のしばらく前から、民主党は「長期政権のもとで形作られた自民党と官僚のもたれあい」をターゲットと見定め、国会論戦などの場でも、天下りを繰り返して高額な退職金を何度ももらう事例などを重点的に取り上げました。官僚に切り込めない自民党を攻撃する材料としたわけです。「脱官僚依存」「天下り根絶」などを高らかに掲げ、二〇〇九年の政権交代に至ります（その後の経緯は第五章で触れます）。

そして、テレビのワイドショーなどでも官僚が取り上げられることが増え、数多くの官僚批判本も出版されました。その内容を大雑把《おおざっぱ》にまとめると、以下の3類型に分類できます。

○「待遇」に関する批判：給与が高い、本給以外にさまざまな手当てや公務員住宅など

の便益を受けている、退職後も天下りで厚遇されている、キャリア官僚は若くして高い地位を得ている、など

○「仕事ぶり」に関する批判：杓子定規《しゃくしじょうぎ》で融通《ゆうずう》が利《き》かない、前例踏襲《ぜんれいとうしゅう》・事《こと》なかれ主義、「親方《おやかた》日の丸」で非効率、縦割り（セクショナリズム）で硬直的、たらい回しなどが起こりがち、政策を誤っても責任をとらない、など

○「パワー・影響力」に関する批判：「官僚主導」で政治家よりも強力、いまだに「統制」志向で民間に過剰な口出し、など

こうした批判のなかには、的《まと》を射たものもありますが、表層的と言わざるをえないものもあります。しかし残念ながら、後者ほど一見してわかりやすく、マスコミはそちらを取り上げがちです。

官僚の給与は高いか？

たとえば「給与が高い」という批判は、筆者から見ると、表層的なものにとどまってい

るように思われることが少なくありません。「1000万円ももらってけしからん！」といった類《たぐい》の批判はよく耳にしますが、それでは、給与はともかく思いきり引き下げたらよいのでしょうか？　給与は、きちんと役割をはたせる人材の確保のツールでもあり、そうした視点も踏まえなければいけません。

民間企業の経営者を例に挙げると、数億円の年俸を得ている経営者がいます。これはこれで批判の的になりがちですが、その経営者を会社に迎えることで数百億円の増収が期待できる（逆に、そのレベルの経営者を迎えないと、赤字拡大の可能性が高い）といった状況であれば、少なくとも会社経営上は合理的なわけです。

官僚の給与水準は107ページでお示ししました。これを見て、高いと感じる人も、安いと感じる人もいると思います。役所の説明によれば、これは「民間の給与水準並み」ということですが、たとえば役所の事務次官の場合、同じ職種が民間にあるわけではありませんし、民間のどの役職がそれに近いのかもはっきりしません。結局のところ、かなり恣意的《しいてき》に民間の給与水準を調べて決めているわけです。

さらに、もっと大きな問題があります。仕事をがんばっている人も、がんばっていない人も、だいたい同じような給与をもらえるしくみになっていることです。詳しくはのちほどお話ししますが、年功序列の人事体系になっており、いちおう人事評価はあっても、みんなほぼ同じように昇給していくしくみなのです。

こんなしくみでは、仕事をがんばらない人の比率が組織内で高まってしまうのも無理はありません。「公務員給与を全員一律にカットすべし」と唱えるよりも、「給与に見合った仕事をしていない人の給与を、その分だけカットする」ほうがよほど重要であり、はるかに大きな人件費削減につながります。

逆に、大きな成果を挙げている人の給与は、もっと高くしてもよいと思います。暴論と思われるかもしれませんが、たとえば、異能の財務事務次官が現われ、一般会計予算およそ１００兆円のうち10兆円を効率化する画期的《かっきてき》プランを立案し、実現にこぎつけたとすれば、その人には数億円の成果報酬を払っても安いものでないでしょうか。

年功序列の問題はまたあとでお話しすることとし、以下では、官僚の問題点について、代表的な学術分析をご紹介します。

ロバート・マートンが指摘した、官僚制の「逆機能」

官僚制の合理性を強調したマックス・ウェーバーに対し、その弊害を指摘した代表的な学者が、アメリカの社会学者ロバート・マートン（一九一〇～二〇〇三年）です。これは、マートンの「官僚制の逆機能」論として知られていますが、「目的の転移（手段の自己目的化）」などのメカニズムで、本来の機能とは逆のことが起きてしまう問題を示しました。

その代表的な現象が「規則万能主義」です。

規則は、もともとなんらかの目的のために設定されたはずが、官僚たちはそのうち規則を絶対的なものと考えるようになり、規則そのものが自己目的化してしまう、これが「目的の転移」です。ウェーバーが指摘したように、本来、「規則の遵守《じゅんしゅ》」は、官僚制の基盤をなします。官僚がそれぞれ、法律や規則を無視して、自らの判断だけを頼りに恣意的運用を始めたら、社会は大混乱に陥ります。

しかし、いっぽうで、役所の窓口などで役人と接し、「あまりに杓子定規。もうちょっと柔軟に対応してくれてもいいのに」という経験のある方は、少なくないでしょう。筆者も、そんな経験が少なからずあります。窓口レベルだけでなく、政府の委員会などで官僚と政策の議論をしていても、「まさに『目的の転移』だ」と思うことがよくあります。

ひとつ、例を挙げましょう。最近、簡易な健康検査サービスが出現しました。医療機関での健康診断などよりずっと手軽に、カウンターで血液を採取して「血糖値」「中性脂肪値」などを測《はか》ってもらえます。当初は法令上、認められるかどうか争いがありましたが、二〇一四年に厚生労働省から正式に認められました。さきがけとなったケアプロ社の場合、医師は置かず看護師しかいませんが、なんと1検査につき数百円という低価格です。

ところが、このサービスでは、ひとつ不思議なことがあります。採血は自分でやらなければならないのです。カウンターには看護師さんがいるにもかかわらず、けっして手を貸してくれません。なぜかというと、厚生労働省が「（採血は）受検者が行なう」よう、強制しているからです。厚生労働省の説明では、理由はこういうことです。

――看護師は、医師の指示を受けて行なう場合を除き、医療行為はできない（医師法、保健師助産師看護師法）。採血は、医療行為にあたるので、看護師が単独で行なうことは許されない、他方で、受検者が自ら採血することは、自己責任なのでかまわない。よって、自己採血を求めている――。

しかし、これはちょっと考えただけでも、おかしくはないでしょうか。せっかくプロの看護師がそばにいるのですから、看護師が採血をしたほうがより安全に決まっています。規制によって、わざわざ安全性向上とは逆のことをさせているのです。

もともと、医師法などで医師と看護師の業務範囲を定めているのは、患者などの安全確保が「目的」だったはずです。しかし、その本来の目的が忘れられ、医師と看護師の業務範囲というルールのほうが「自己目的化」したわけです。これが「目的の転移」です。

このほかに、マートンの「訓練された無能力（標準的な状況を想定した訓練をすると、訓練を受けた人間は、想定と異なる状況が生じても、訓練どおりの対応をしてしまう）」などの指摘も、よく知られています。

辻清明《つじきよあき》が指摘した、日本特有の問題

マートンによる普遍的な官僚制分析に対し、日本の官僚制に特有の問題を指摘したのが、行政学者の辻清明（一九一三〜一九九一年）です。辻の分析については、第三章で引用しましたが、改めてご紹介します。

一九六九年に刊行された、代表的著書『日本官僚制の研究（新版）』には、複数の論文が収められていますが、そのなかの「公務員制の意義と限界」（一九四九年発表）では、官吏制度の発展段階について、次のように分析します。

西欧型官吏制度は、①絶対制下の官吏制度、②近代市民社会下の官吏制度、③現代行政国家での官吏制度、という三段階の発展を遂《と》げた。第二段階への移行では特権的官吏制度の「民主化」、第三段階への移行では「能率化」が課題となった。いっぽう、日本の官吏制度は、第一段階（明治以来の家産的性格の濃い官吏制度）から、第二と第三の移行が同時に課題となった。

この結果、日本では「固定的な官僚制を（筆者注：「民主化」の要請から）排除しながら、他方において（筆者注：「能率化」の要請から）保証するという矛盾」が生じており、「旧《ふる》い官僚制は脱皮を完遂することなく、むしろ粧《よそお》われた新しい官僚制の蔭《かげ》に依然としてその特権的地位を保持しつづけていく」おそれがある、と指摘しました。

「日本官僚制と『対民衆官紀《かんき》』」（一九四七年発表）では、日本の官僚制における「特権性」や「官尊民卑」の問題を取り上げ、これらが明治以前の封建的秩序の延長であることを次のように指摘しています。引用してみます。

「日本における官僚の特権的地位の由来は、明治維新が単なる制度の外見的移植という意味での国家の近代化であり、本質的意味の市民革命でなかった点にあることは、今日《こんにち》自明の事実に属する。……なによりも、明治初期におけるいわゆる『官員《かんいん》』、しかも士官や邏《ら》卒《そつ》（筆者注：警察官）等、直接民衆と接渉《せつしよう》関係をもつ末端《まったん》行政機関が、多く解体された封建家臣層によって占められたことは、……両者の関係は『お上《かみ》対百姓素町人《すちようにん》』として律《りつ》せられる結果を導《みちび》いたのである」

辻は、高等官と判任官の差別（食堂・便所に至るまでの差別など）といった「官庁機構内の非民主的序列」も、近代以前の身分差別（「殿様に仕《つか》える足軽の光景」）の延長にあるとします。そして、官庁機構内の非民主的序列と官尊民卑が連動すること（上官《じようかん》からの抑圧を、下位の官吏が民衆に転嫁《てんか》）を福澤諭吉《ふくざわゆきち》の言葉を引き、「強圧抑制の循環」として説明しています。

こうした諸問題が戦後、占領下の改革を経てどう変わったかについては、「戦後の統治構造と官僚制」（一九五八年発表）で、結論として「わが国の官僚機構は、強靭な粘着力《ねんちやくりよく》の所有者であった」とします（84〜85ページでの引用も参照）。

そして、戦前の官僚機構が温存された理由は、以下3点としました。

①占領政策が間接統治の形式をとり、官僚機構が占領政策の代行機関となったこと
②国民の意識の底流に、（官僚機構の）中立的性格に対する一種の信仰が、根強く蟠《わだかま》っていたこと
③（官僚機構に）とって代わる新しい政治勢力の確立が未成熟であること

①はともかく、②と③は、二〇〇九年からの民主党政権での経緯（初期に「政治主導」や「脱官僚依存」を唱えたものの、その後の運営は難航し、その後「政治主導」への国民の支持が急速に低下したこと）を考えれば、論文発表時から60年近くを経て、けっして過去のこととは言えません。

辻の指摘した日本特有の問題構造は、現在も消え去ったわけではないのです。

コラム5 「パーキンソンの法則」と「公共選択論」

西尾勝は、前掲書『行政学（新版）』のなかで、官僚制批判の系譜を、①「官僚政治（官僚制組織による政治支配）」に対する批判、②「非効率性」に対する批判、③「官僚主義（行動様式）」に対する批判、の三つに分けて解説しています。

マートンの逆機能論は主に③、辻清明の議論は①と③にまたがるものと見ることができます。②に関しては、ここまであまり触れていませんでしたので、簡単にご紹介しておきましょう。西尾によれば、非効率性に関する批判には、以下があります。

○行政サービスの多くが独占状態で、経営努力が十分に行なわれていないとの批判よく「親方日の丸」と指摘される問題はこれにあたります。

○官僚制組織に組織膨張などのメカニズムが内在しているとの批判

有名な「パーキンソンの法則（行政機関の職員数はその業務量にかかわりなく、ある一定の比率で増大していく。一九五七年、C・N・パーキンソンが発表）」がこれにあたります。また、類似のものとして、「ピーターの法則（ピラミッド型の組織で職員が昇進していく結果は、往々《おうおう》にして自分の能力を超えた地位にまで昇りつめることになる。一九六九年、L・J・ピーターが発表）」などもあります。

そして、非効率性の問題をより洗練された手法で分析したのが「公共選択論」です。コラム④（112～113ページ）で、A・ダウンズによる『官僚の5類型』をご紹介しました。ダウンズらを先駆けとし、J・M・ブキャナンとG・タロック（一九六二年『公共選択の理論』）により、新たな政治経済学の領域として確立されました。

ポイントは、政治家、官僚、利益団体などがそれぞれ自らの利益を追求するという前提で、政策決定プロセスを分析したことです。その結果、公共の利益は必ずしも実現されず、「政府の失敗」が生じることが示されます。第一章でお話しした「政策の歪み」を分析する学問領域とも言えるでしょう。コラム②（53～54ページ）でお話しした「規制の虜」理論とも重なりますが、「レント・シーキング（自らの利益のため、他者を犠牲にして政府の措置を利用すること）」の分析などが知られています（加藤寛《かとうひろし》著『入門公共選択』、R・グレン・ハバードほか著『ハバード経済学II 基礎ミクロ編』）。

2 官僚主導、縦割《たてわ》り

日本の「官僚内閣制」

「脱官僚依存」「政治主導」といった言葉は、二〇〇九年の民主党政権の発足前後に注目を集めました。長年の自民党政権時代に作られた「官僚主導」を打ち破るには政権交代しかない、という熱気に包まれ、民主党政権は誕生しましたが、その後の現実を見て、人々の関心が薄れていったように思います。

しかし、民主党が唱えたことが見当はずれだったわけではないと思います。二〇〇九年の総選挙前、民主党のマニフェストでは、政権構想の原則として、以下を掲げていました。

原則1　官僚丸投《まるな》げの政治から、政権党が責任を持つ政治家主導の政治へ。
原則2　政府と与党を使い分ける二元体制から、内閣の下《もと》の政策決定に一元化へ。
原則3　各省の縦割りの省益から、官邸主導の国益へ。
原則4　タテ型の利権社会から、ヨコ型の絆《きずな》の社会へ。
原則5　中央集権から、地域主権へ。

ここで掲げられている「官僚主導」や「各省縦割り」の打破といった問題認識は、民主党が突然言い出したことではありません。一九六〇年代の第一次臨時行政調査会（一九六一～一九六四年。略称、第一次臨調。当時の経団連副会長である佐藤喜一郎《さとうきいちろう》が会長を務めたので「佐藤臨調」とも呼ぶ）以来、繰り返し唱えられてきました。

また、橋本《はしもと》（龍太郎《りゅうたろう》）首相が進めた行政改革（一九九六～一九九八年）、いわゆる「橋本行革《ぎょうかく》」でも、中心テーマのひとつであり、その後の前進もありました。

しかし、まだ課題は残されており、民主党は改革に挑《いど》もうとしましたが、残念ながら、期待されたほどの成果を上げることはできませんでした。民主党政権で起きたことは、第五章でお話しすることにして、ここでは、従来の問題点の整理をしておきます。

「官僚主導」と「縦割り」にまつわる問題の全容は、飯尾《いいお》潤《じゅん》著『日本の統治構造——官僚内閣制から議院内閣制へ』に、緻密《ちみつ》かつ鮮《あざ》やかに説明しつくされています。そのキーワードは「官僚内閣制」「省庁代表制」「政府・与党二元体制」の三つですが、ポイントだけ挙げておきます。

○戦後日本の議院内閣制は、戦前からの延長上で、本来の議院内閣制（有権者によって選ばれた政治家が集まって内閣を構成）から逸脱《いつだつ》し、省庁の代表者が集まって構成される、いわば「官僚内閣制」が続いてきた。

○各省庁はそれぞれの縦割りのなかで、所轄《しょかつ》する関連団体、業界団体などの利益を代弁し、政策実施にあたる地方公共団体の意向も踏まえながら、政策を決定する。つまり、縦割りの省庁が社会集団の利害をそれぞれ代表する、「省庁代表制」とも言える状態が機能してきた。

○「政府・与党二元体制」のもと、政府内と並行して行なわれる自民党内での政策決定プロセスにも、官僚が深く関わり（「ご説明」や意見反映など）、この結果、政治的官僚（政治家の間を回って合意調達などを担う）と行政的政治家（大きな方向性を打ち出すことに関心を持たず、有権者からの要望をそのまま政府に伝える「御用《ごよう》聞き政治家」など）という倒錯《とうさく》した役割分担が生じた。

同書（二〇〇七年刊行）では、これら三つの要素に変化が起きていることが指摘されています。一九九〇年代から進められた政治改革・行政改革が小泉内閣のもと、いっせいに効果を現わし、「小泉改革によって、日本の議院内閣制は新たな段階に入った」が、いっぽう、「それがうまく作動するには、継続的な改革が必要」とも記していました。

その後、二度の政権交代を経て、飯尾が描いた官僚内閣制、省庁代表制、政府・与党二元体制は、残念ながら、けっして過去のものではなく、むしろ小泉政権後に復活した面もあります。

重要なルールは、法律よりも通達⁉

政治家と官僚の倒錯はさまざまな形で見られます。第三章でお話ししたように、幹部官僚の重要な仕事は〝ミニ政治家〟としての業務です。いっぽう、国会議員の役割は、国政選挙での多くの候補者たちの街頭演説で明らかなように、地元に利益をもたらすこと（道路や新幹線などをはじめ）が大きなウェイトを占めます。政策の大きな方向性は官僚が中心的役割を担い、実施段階になると政治家が出てくるということが少なくありません。

こうした倒錯関係の延長上に、大事なことは省令・通達で決められるという問題もあります。国の法令には、以下の階層があります。

・国会の定める「法律」（例：薬事法）
・その下位規範として、閣議決定で定める「政令」（例：薬事法施行令）
・その下に、各省で定める「省令」（例：薬事法施行規則）
・さらに、各省の局長や課長が法令の解釈を示す「通達」（局長通達や課長通達）

細かいことまですべてを法律に書き込むとキリがないので、このように細則《さいそく》を定める構造になっているわけです。

ところが、日本の法令では、法律だけ見ても、ルール内容がさっぱりわからないことが少なくありません。大事なルールは法律で決め、細かい部分は政省令などに委ねるという本来の階層構造から逸脱し、しばしば、大事なルールは省令や通達で決めることになっているからです。

この一例が、第一章でお話しした医薬品のインターネット販売規制です。もともと、薬事法では「インターネット販売禁止」など、どこにも書いてありませんでした。薬事法施行規則（厚生労働省令）でいきなり、こうした重大なルールが定められたのです。

これについては、事業者からの提訴を受けて、最高裁が「省令は法律の委任の範囲を超える」との判決を出し、法律で定め直されることになりました。しかし、同じような省令や通達は、さまざまな分野で無数に存在しています。

さらに問題が根深いのは、国会議員の多くが、「大事なルールは（省令や通達で）官僚が決める」状態をあたりまえだと思っていることです。

二〇一一年、当時の民主党政権で、事業仕分けの一環として「規制仕分け」を実施したことがありました。この医薬品インターネット販売（最高裁判決前）も、仕分け対象のひとつとされ、公開の場で、規制改革の立場に立つ国会議員たちが、担当省の官僚に「こんな規制はおかしい。見直せ」と厳しく迫っていましたが、これはその典型です。そして、官僚に「見直せ」と言っても進展はなく、医薬品インターネット販売の問題は、第二次安倍内閣まで持ち越されたのです。

ルール設定を巡る官僚主導も、「政策の歪み」をより生みやすくし、その是正をさらに難しくしているのです。

縦割りのメカニズムと弊害《へいがい》

役所の「縦割り（セクショナリズム）」も、古くからしばしば指摘される問題です。主に、次のような形で現われます。

・たらい回し：役所の窓口でしばしば経験するような、消極的な「縦割り」対応

・縄張り争い：予算や法令権限の獲得を目指す、積極的な「縦割り」対応
・部局間の路線対立：たとえば、貿易自由化を求める部局と国内産業保護を求める部局の対立など

ふたつ目の縄張り争いは、「権限争議」とも呼ばれ、特に一九八〇年代から一九九〇年代前半にかけては、昔ながらの各省の枠を超えた新たな政策課題が次々に生まれるなかで、官僚の仕事の大きなウェイトを占めました。たとえば、一九八〇年に通商産業省と郵政省の間で繰り広げられた「VAN《バン》戦争（データを送信する付加価値通信網を巡る縄張り争い）」などが、その代表例です。

こうした縦割りが生まれるメカニズムとして、いくつかの要因があります。

第一に、ウェーバーの言う官僚制の基本原則のひとつである、明確な権限の設定が生む逆機能として、どうしても生じてしまう面です。これは、日本に限らず世界中どこでも、また行政機関に限らず、どの組織でも同じです。セクショナリズムは万国共通に指摘されるわけです。

第二に、日本の行政組織に固有の事情もあります。戦前の割拠《かつきょ》主義（＝各大臣はそれぞれ天皇を輔弼《ほひつ》する）などの歴史的事情から、内閣が弱く、内閣による統合（縦割りの補正）の機能が十分働かなかったことです。

一九九八年刊行の松下圭一《まつしたけいいち》著『政治・行政の考え方』では、「省庁は各国とともに事業部制ですからどの国でも縦割セクショナリズムが強いのですが、……（日本では）明治以来の国務『各』大臣の遺制をふまえた官僚法学によって理論武装しているため」に、問題がより根深いことを指摘しています。

この問題は、内閣を構成する大臣たちが、それぞれの省の官僚を適切にコントロールできず、官僚の代弁者となってしまっている（＝官僚内閣制）という意味で、官僚主導と重なります。縦割りと官僚主導は、裏から言えば、「内閣の機能不全」という一体の問題なのです。

第三に、人事での縦割り、つまり各省ごとの閉鎖的な人事システムが、さらに縦割りを強めていく構造です。すでにお話ししたように、日本の官庁では、採用は各省ごとでなされます。いったん採用されれば、その省のなかで昇進し、退職するまで「〇〇省所属」です。さらに、退職後は、各省のあっせんによる天下りがなされます。こうした人事システムが、各省への所属意識や忠誠心を高め、行政運営（個々の政策決定など）における縦割りをさらに強めることになります。

閉鎖的な人事システムにおける人材育成の問題も、しばしば指摘されます。日本の官僚（幹部候補）は多くの場合、「ジェネラリストとして育てられる」とされています。確かに、それぞれの省庁のなかでは、さまざまなポストを経験することが通常ですが、あくまで各省庁のなかでのジェネラリストです。

これは、伊藤大一《いとうだいいち》著『現代日本官僚制の分析』で「（かれらは）主観的にはみずからを『ジェネラリスト』に見立てているだけに、いっそう大きな悲喜劇を生み出す結果となっている」と指摘されている点です。いっぽう、省内ではいろいろな部局を経験させることが一般的なので、本当の意味でのスペシャリストも育ちません。

こうした「中途半端なジェネラリスト」たちの存在も、さらに縦割りを強める効果をはたしてきました。

第四に、ボトムアップ型の意思決定メカニズムも要因として指摘されます。各省の内部でも、時に「局あって省なし」と言われるような縦割り部局間の路線争いが生じるのは、このためです。飯尾の指摘する「省庁代表制」のもとで、各担当部署がそれぞれの所管業界・団体の利益を背負っていることも、この構造を強めています。

こうした要因で縦割りの問題が生じても、経済や社会全体が成長拡大していく時代には、まだなんとかなった面がありました。

つまり、利益集団（業界など）がそれぞれに利益拡大を図り、その代弁者としての官僚機構が、予算要求や権限争いを繰り広げる。そして、最終的に予算査定や各省協議を経て、ほどほどのところに落ち着く、という決着が社会全体の利益実現とさほど大きくずれなかった（あるいは、多少ずれていても、社会全体で許容される範囲内だった）からです。

一九八〇年代の各省間の権限争議は、VAN戦争のようなあまりにひどい時は別として、それほど強くは糾弾《きゅうだん》されませんでした。そこに過剰な調整コストやムダはあるものの、各省間のすきまに落ちかねない新たな課題に積極的に対処し、政策を活性化させていくプラス面もある、と認識されていたからでしょう。

しかし、一九九〇年代半ば以降、右肩上がりの時代は終わり、それまで先送りにしてきたさまざまな政策課題が一気に噴出しました。それぞれの利益集団の利益拡大をベースに政策を組み立てていたら、社会全体に大きなマイナスが生まれかねない状況では、縦割り官僚機構は十分機能できませんでした。

こうして、第一章でお話ししたような「政策の歪み」が生まれ、是正がなされずにきたのです。

官僚にとっての〝社長〟とは？

ここまで「官僚主導」という言葉を使ってきています。一般によく使われますが、誤解を招きがちな言葉かもしれません。官僚主導という言葉に対し、しばしば受ける指摘や批判がふたつあります。

ひとつは、現実の政策決定は、「官僚が優位」というより、むしろ「政治家が優位（官僚は従っている）」な場合が多く、実態と異なる、というもの。もうひとつは、仮に「官僚が優位」で政策を決めているとしても、内容が的確なら問題ないではないか、というものです。

これらふたつは、どちらも正しい面があります。現実の政策決定プロセスは、政治家と官僚が絡《から》み合って調整しますから、どちらがどの程度優位に立つかは、ケース次第です。筆者がこれまでさまざまな政策決定を見てきた印象でも、どちらもあるとしか言いようがありません。また、官僚と政治家でどちらが的確な政策判断をできるかも、どちらもあるというのが答えです。

それでは、しょせんケースバイケースの問題かというと、そうではありません。問題の本質は、官僚集団に対する「ガバナンスの欠如」なのです。

これは、株式会社での「ガバナンス」と比較してみれば、明確です。

図表6の左側で示しているのは、株式会社（委員会非設置会社）でのコーポレート・ガバナンスの理念図です。厳密な説明は省《はぶ》き、大筋だけ説明すれば、まず株主が取締役を選び、取締役が代表取締役社長を選びます。取締役会は、代表取締役社長の経営を監視し、いざという時（暴走や機能不全が生じた時）は解任できます。これが矢印①で、「代表取締役は株主のために働く」ことが担保《たんぽ》されます。

いっぽう、代表取締役社長は、執行責任者として、企業組織を指揮し、運営します。こ

図表6 株式会社と中央官庁のガバナンス

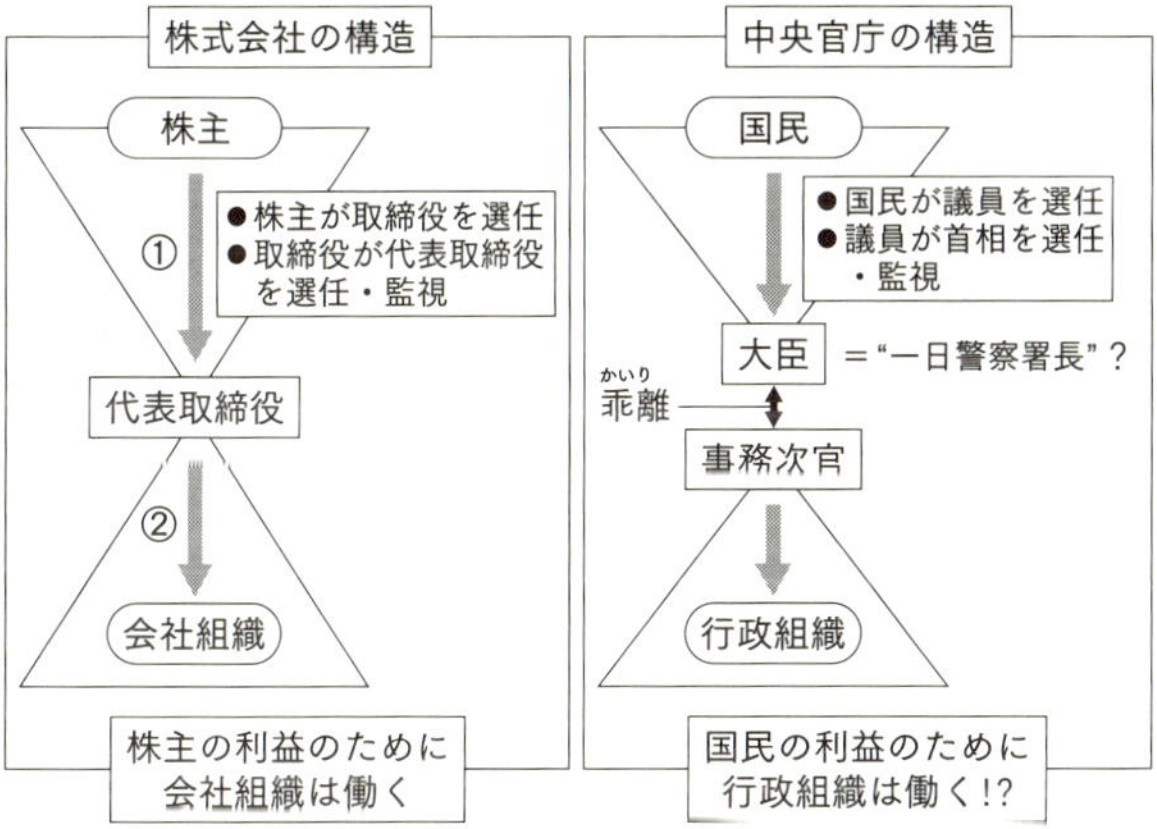

れが矢印②で、「企業組織は代表取締役の指揮で動く」ことが担保されます。そして、代表取締役を結節点として、ふたつの矢印がつながり、「企業組織全体が株主の利益のために働く」となるわけです。

ただ、実際の日本企業の場合は、取締役は内部登用がほとんどを占めることが多く、取締役会メンバーは社長の部下たちです。このため、ふたつの矢印が混線しがちです。これが、日本企業のコーポレート・ガバナンスの問題として、しばしば指摘されることです。

いっぽう、日本の官庁の場合、問題はそれどころではありません。図表6の右側が、中央官庁のガバナンス構造です。株主に相当するのが国民で、国民が国会議員を選び、そこから総理大臣が選ばれ、さらに大臣が選ばれます。いちおう、「大臣は国民のために働く」という矢印は働きます。

ところが、その先が問題です。ここでは、そもそもふたつの三角形がつながっていません。なぜかというと、官庁の官僚たちは一般に、自分たちにとっての〝社長〟は、大臣ではなく、官僚トップの事務次官だと考えているからです。数カ月ですぐに代わってしまうことの多い大臣は、片山善博《かたやまよしひろ》元総務大臣に言わせれば「一日警察署長のような存在」、あるいは、せいぜい「非常勤顧問」程度でしかありません。

つまり、問題の本質は、内閣（ないし大臣）が、日本国政府（ないし各省）の〝経営者〟として機能する構造になっていないことです。これでは、「官僚機構が国民の利益のために働く」ことを構造的に担保できません。現に、各省縦割りで、それぞれの縄張り内の特定利益に偏重した政策決定がなされ、さまざまな分野で「政策の歪み」がもたらされてきたのです。「官僚主導」と言われる問題の本質は、この構造です。これを正すために、「内閣機能の強化」や「幹部人事の内閣一元化」といった議論が、古くからなされてきました。時に部分的な前進もありましたが、問題はまだ解消していません。

3 年功序列、キャリアとノンキャリア、天下り

官僚の人事制度

年功序列の問題、そしてⅠ種・Ⅱ種・Ⅲ種、事務官・技官など一定の試験種類で採用された者を「身分」のように扱って差別する問題（以下、試験種類差別）については、前章でお話ししました。年功序列と試験種類差別には、ふたつの共通点があります。

第一に、どちらも、能力や実績とは別の要素で、人事がなされていることです。前者は、能力・実績にかかわらず「年次」によって、後者は、能力・実績にかかわらず「採用時の試験種類」によって、昇進が決まります。

第二に、どちらも、「制度」ではなく「運用」の問題であることです。法令の条文には根拠なく、慣行・運用として積み重ねられてきました。

それどころか、国家公務員法では制定当初から、すべての職員の任用（採用、昇格人事など）は「その者の受験成績、勤務成績（現在の条文では人事評価）又《また》はその他の能力の実証にもとづいて」行なうとして、「能力・実績主義」がきちんと定められていました。年功序列と試験種類差別は、むしろ、法律の条文に反する人事慣行とさえ言えたのです。

それにもかかわらず、なぜ、こうした人事慣行が生まれ、長く続いてきたのでしょうか？

ひとつには、戦前の「高文試験合格＝高等官」という身分制が引き継がれた面です。辻清明の言《げん》を借りれば、これはさらに、明治以前の「旧い封建的身分支配の原理」を引きずったもの、でもあります。

もうひとつは、戦後の行政組織の運営上、合理的なシステムだったという面です。村松《むらまつ》岐夫《みちお》著『日本の行政――活動型官僚制の変貌』では、こうした人事がキャリア官僚の忠誠確保の観点で合理的だったことを次のように明快に説明しています。

「中央省庁の人事管理の要諦《ようてい》は、採用からほぼ三〇年のあいだ、『順調な昇進システム』から落伍者《らくごしゃ》を出さないことである。同世代最高成功者には高いモティベーションを持ち続けさせること、less successful（筆者注：同期のなかで評価の低い者）にも挫折《ざせつ》感《かん》を感じさせないことである。……かくして省庁は、省庁に属する公務員の忠誠を確保できるのである」

いっぽうで、次のようにも述べていました（同書の刊行は一九九四年）。

「この人事管理のデメリットは、成長材料がなくなってゼロサムゲームになると消極的な行動を誘発する面があることである。……（課題達成に困難を伴う大きな課題に敢《あ》えて取り組むことに対し、）功《こう》をあせって変なトラブルを起こしたほうがマイナスになると考える処世術が生まれる。……かくて、受けがよく、業界全体もまずまず納得できて、省の面子《メンツ》が立ち、しかも永田町の覚えもめでたい行政が進められる」

バブル崩壊により、右肩上がりの時代が終わった一九九〇年代半ば以降、官僚機構に対してしばしば指摘されたのは、まさに、こうした「消極的対応（too little too late）」「事なかれ主義」「問題先送り」などの問題でした。

リスクを伴う困難な政策課題が次々に増えていくなか、忠誠の確保よりも、対応能力ある人材を必要なポストに起用することの重要性が圧倒的に高くなり、同期がいっせいに昇進する「護送船団方式」の官僚人事の合理性は、急速に失われていったのです。

年功序列から、能力・実績主義へ

こうした背景もあり、一九九〇年代半ば以降、「能力・実績主義の徹底」が政府内でも頻繁に議論されるようになりました。

これに対し、よく官僚機構側から出てくる反応は、「役所の仕事は、民間企業とは違って、営業成績が明確に出るわけではない。だから、能力・実績主義の徹底は難しい」というものでした。これは国でも地方でも根強く、今も時々出てきますが、ふたつの面でまちがっています。

第一に、民間企業の仕事は、営業職ばかりではありません。総務や管理部門など、数字で成果を示すことが難しい仕事もありますが、これらの部門の従業員も通常、能力・実績主義の適用対象にされています。こうした仕事でも成果を測定・評価するための手法は、さまざまな形で開発され、運用が重ねられています。

第二に、これまでの官庁の人事で、評価差をつけていなかったわけではけっしてありません。第三章でお話ししたように、熾烈な「仕事競争（良いポストを巡る競争）」があり、実際上、差はつけられていました。ただ、「挫折感を感じさせない（前掲書『日本の行政』）」ように、身分で仕切ったうえ、露骨《ろこつ》な差はつけない人事運用をしてきただけなのです。

一九九〇年代半ばから10年ほどの議論（あるいは停滞）を重ねたのち、二〇〇七年に第一次安倍内閣（二〇〇六年九月〜二〇〇七年九月）で、能力・実績主義の徹底のための国家公務員法改正がなされました。

具体的には、「人事評価制度」の確立（従来あった勤務評定をバージョンアップし、『任用、給与、分限その他の人事管理の基礎』として制度確立）、「人事管理の原則」の追加（採用後の人事は『採用年次、合格した採用試験の種類等にとらわれてはならない』との規定追加）、などが行なわれました。

後者は、従来も能力・実績主義が原則とされていましたが、それでも、年次や試験種類にもとづく人事がなされていたので、さらに明確に「やってはならない」と規定したわけです。

人事評価制度は機能しているか?

しかし、法改正の効果が十分に現われているかといえば、まだまだでしょう。90〜92ページでお話ししたように、キャリア・システムはまだ事実上は残っており、I種以外の職員の幹部登用がようやくわずかながら始まったという程度にすぎません。

また、法改正でわざわざ規定された人事評価制度が機能しているかどうかも、まだ疑わしい状態です。

法改正を受けて二〇〇九年から本格実施されている人事評価制度は、一般職員は「S・A・B・C・D」の5段階、局部長級の幹部は「A・B・C」の3段階で、能力評価と業績評価の両方を行なうものです。どちらの区分でもBが標準で、5段階の場合は「S＝特に優秀、A＝通常より優秀、B＝通常、C＝通常より物足りない、D＝はるかに及ばない」です。

問題は、実際にどのような評価結果がなされているか、です。総務省に設けられた「人事評価に関する検討会」の報告書(二〇一四年)によれば、二〇一一〜二〇一二年にかけて行なわれた評価では、次のような結果でした。

一般職員
能力評価：S5・8%、A53・8%、B39・8%、C0・5%、D0・1%
業績評価：S6・0%、A51・9%、B41・5%、C0・5%、D0・1%
幹部職員
能力評価：A85・7%、B14・3%、C0・0%
業績評価：A78・8%、B21・2%、C0・0%

この結果を見て、どう思われるでしょうか？　筆者は、実際に官庁で仕事をし、退職後も多くの官僚たちと接していますが、国家公務員全体のなかで、「物足りない（C・D）」に相当する職員が1000人に1人や5人しかいないというのは、およそ実感とかけ離れています。

また、幹部職員は、熾烈な出世競争を勝ち抜いた人たちなので、全般にレベルが高いことはそのとおりでしょう。しかし、「幹部に起用されたが、十分職責をはたせていない人」

が皆無（0・0％）というのは、これまた実感と異なります。また、8割の幹部が本当に「通常（＝求められる役割）」を上回る業績を挙げているなら、政府はもっとすばらしく機能しているだろうと思います。

これは結局、「ダメな人にダメだと伝える」ことをせず、ダメな人もそこそこのポストまで昇進させ、そこそこの昇給をさせる人事を続けているということでしょう。この状態では、新たな人事評価制度の効果は現われません。

次の問題に移る前に、こうした年功序列と試験種類差別の弊害を整理しておきます。

第一に、村松が前掲書『日本の行政』で指摘したように、官僚たちが守りに入り、「消極的対応」や「事なかれ主義」を招きがちであることです。また、これも同氏の指摘ですが、年功序列と試験種類差別は「省庁への忠誠確保」のしくみでした。裏を返せば、さきほどお話しした縦割り（セクショナリズム）という逆機能を招く面もあったわけです。これらはいずれも、「政策の歪み」をなかなか正すことができない、大きな要因となります。

第二に、「人材の死蔵《しぞう》」を招くことです。がんばってもがんばらなくても、同じぐらいの給与がもらえるとなれば、どうしても「がんばらない人」が出てきてしまいます。また、もともと高い能力と意欲を持った職員（ノンキャリア）が、十分な処遇を受けられずモチベーションを落としてしまう例も無数にあります。人事制度に起因する人材の死蔵は、国だけではなく自治体にも見られ、日本全体で莫大な人件費のムダがもたらされています。

第三に、「良い人材」の確保を阻害していることです。民間企業では能力・実績主義があたりまえになってきたなか、いまだに役所が年功序列では、優秀でチャレンジ精神のある若者は二《に》の足《あし》を踏みます。これは、長期的に官僚機構を劣化させていきます。

初期の天下り

天下りも、メカニズムは年功序列と表裏一体です。まず、「天下り」の歴史から見ていくことにしましょう。

戦前は、官吏の天下りはさほど目立たなかったようです。これは、恩給が充実していたことが大きな理由ですが、まったくなかったわけではありません。戦後直後の段階で、辻清明は以下のように記しています（前掲論文「公務員制の意義と限界」）。

「わが国において、従来、老朽《ろうきゅう》官吏がその能力の如何《いかん》を問わず、いままでの所轄権限を濫用して民間企業の主要な役員に就任し、同時に民間企業も許可や認可をうける便宜上かれらを官庁に対するメッセンジャーとして悪用してきたことは、周知の事実である。こうした悪習が家産国家時代の遺制である官職の私有意識の所産であることはいうまでもない」

こうしたこともあって、国家公務員法（一九四七年）の制定時から、「2年間（その後5年間に拡大）は在職していた機関と密接な関係にある営利企業の地位につくことを原則禁止し、人事院の承認があった場合のみ認める」という規定が設けられました。この趣旨について、当時の佐藤達夫《さとうたつお》内閣法制局長官は次のように答弁しています。

「在職中に散々因縁《いんねん》をつけておいて、そうしていわゆる天降《あまくだ》りを策《さく》して、退職後有利な地位につくということは、ぜひ禁止しなければならぬ」

つまり、戦後直後までは、さほど目立ったものではないにせよ、官吏が権限を振りかざして民間企業に天下りをするケースがあり、これを排除するために国家公務員法で「人事院承認」の制度が設けられたわけです（より詳細な経緯は、中野《なかの》雅至《まさし》著『天下りの研究——その実態とメカニズムの解明』で紹介されています）。

天下りシステムの完成

ところが、その後一九五〇～一九六〇年代にかけて、天下りはふたつの点で大きく変質していきます。

第一に、天下り先として、公社・公団などの非営利団体が大幅に増加したことです。一九五〇年代以降、日本道路公団、日本住宅公団、首都高速公団、水資源公団など、特殊法人・認可法人が次々に設置され（一九五五年33法人→一九六五年１０４法人）、これらへの天下りが拡大していきました。

第二に、省庁による組織的なあっせんが定着したことです。「在職中に因縁」といった個人プレーではなく、早期退職勧奨とセットで省庁があっせんするようになったのです。

この早期退職勧奨とセットになった再就職あっせんのしくみは、一九六四年の第一次臨時行政調査会の勧告ですでに指摘されており、一九七〇年代にはシステムとして完成されます。

これは、厳格な年功序列人事と密接に関連しており、第三章でもご紹介しましたが（89ページ）、同期入省者がいっせいに昇進して、部長以上になってだんだんポストが少なくなると、昇進からもれた者が「早期退職勧奨＋天下り先の提示」を受けて天下る。そして、最終的に同期から事務次官が誕生する際には、ほかの同期は全員退職（天下り）済み、というしくみです。

つまり、厳格な年功序列、「落伍者を出さず、less successful にも挫折感を感じさせない（前掲書『日本の行政』）」しくみの終着点として、天下り先が用意されたわけです。

早期退職の年齢は、一九五〇年代では40代半ば、一九七〇年代には50代前半になり、これが二〇〇〇年頃に至るまで定着しました。

もちろん、50歳代前半で退職したのち、ずっと同じ天下り先で過ごすわけではありません。ひとつ目の天下りポストは2年程度で後輩の新規退職者に譲《ゆず》り、ふたつ目の天下りポスト〜……と「渡り鳥」のように、天下り先を転々とすることが一般化しました。これもすべて省庁のあっせんにより、いわば役所の人事異動の延長として行なわれるようになりました。

天下りの三つの弊害

こうした天下りシステムの弊害は、さまざまな形で問題提起《もんだいていき》されていますが、次のように整理できます。

第一に、「処遇のための天下りポスト」が作られがちだったことです。

特に一九七〇年代以降、「早期退職勧奨＋天下り」という人事システムが確立し、官僚組織の人員規模が拡大していくなか、退職者をもれなく人事配置するためのポストづくりが進められました。特殊法人・認可法人以外に、役所からの天下りとセットになった公益法人などが次々に作られていったのも、こうした背景がありました。

マスコミなどではよく、「外郭団体の天下りの役員が、毎日送迎車で出勤し、秘書つきの個室で新聞を読んでいるだけ」といった話がおもしろおかしく取り上げられます。もちろん極端なケースを取り上げているわけですが、処遇のためにポストを作っていますから、必ずしもそれに伴う仕事があるとは限らず、そうしたケースも生じたのです。

第二に、天下りした官僚たちが「官庁と業界・団体の結節点」として機能してきたことです。

天下りOBは、天下りした以上は、その業界・団体に貢献すべく、顔の利く出身官庁から、より多くの予算や権益を獲得しようとし、官庁の現役官僚の側も、これに応えて、多くの予算や権益を与えることになりがちです。

「天下りOBがいるから」というだけの理由で、そんなに余計な予算や権益を与えるものだろうかと疑問を持たれるかもしれませんが、ここには、閉鎖性と年功序列という要素も加わります。筆者の官庁勤務時の経験から考えても、役所で局長など相当なポストまで務めたOBから頼みごとが持ち込まれた時、はねつけることは容易ではありません。役所の幹部たちがみな、その有力OBの味方につくことがありがちだからです。

こうした天下りOBたちは、「新聞を読んでいるだけ」の天下りOBよりは、まだ仕事をしている分だけましし、と見えるかもしれません。しかし、本当のところ、もっと巨大な害悪（ムダな補助金、不合理な規制利権など）を生んでいる可能性が否《いな》めません。さまざまな「政策の歪み」を生む鉄のトライアングルの一辺は、天下りOBを結節点にして、強く維持されていることが多いのです。

第三に、天下りは各省の閉鎖的人事システムに組み込まれ、また、年功序列の延長上にありますから、すでにお話ししてきたように、「縦割り」や「事なかれ主義」などにもつながります。特に、退職を目前に控えた幹部クラスの職員まで、各省への忠誠を持ち続ける要因となります。この問題は、第一次臨時行政調査会答申（一九六四年）や、行政改革会議最終報告（一九九七年）などでも指摘がなされてきました。

天下りへの対策

天下りの弊害は古くから指摘され、さまざまな対策が講じられてきました。

一九四七年、国家公務員法制定時に導入された「営利企業就職の際の人事院承認」もそのひとつです。しかし、その後、天下りが大きく変質したなかで、この規制は実際の弊害とずれたものになり、さらなる対策が議論されるようになりました。その対策を分類して、簡単にご紹介します。

○特殊法人等への天下りに関するルール設定

一九七九年に「全特殊法人の常勤役員については、国家公務員からの直接の就任者及びこれに準ずる者をその半数以内にとどめることを目標とする」という閣議了解がなされたのが、初期の例です。この「2分の1ルール」はその後、独立行政法人にも適用されるようになり、公益法人についても「理事のうち所管官庁の出身者が3分の1以下」(一九九六年閣議決定) などのルールが定められました。また、民主党政権では、「独立行政法人等の役員公募」(二〇〇九年閣議決定) が導入されました。

しかし、こうしたルール設定は、天下りのメカニズムそのものへの対策ではないため、弊害の是正という観点では、効果は限定的でした。特に一九八〇年代頃は、特殊法人への天下りが制約された結果、官庁主導で数多くの公益法人設立につながるなど、別の弊害を生んだ面もありました。

○早期退職勧奨の是正＝在職期間長期化

早期退職勧奨の是正も、古くから議論がありました。実行に移されたのは小泉内閣の時で、「幹部職員の平均勧奨退職年齢の3歳引上げ」が目標として設定されました（二〇〇二年閣僚懇談会申合せ《こんだんかいもうしあわ》「早期退職慣行の是正について」）。そして、期限とされた二〇〇八年度までに、おおむね目標は達成されています（二〇〇二年に多くの府省で54歳未満から、二〇〇八年に全府省で55歳半ばから59歳近く）。

この取り組みは、天下りが必要とされてきたメカニズムの解消に向けた、根本的な対策の第一歩ととらえられます。ただ、問題は、退職勧奨に至るまでの年功序列のほうが未解決であることです。年功序列人事が維持されたまま、3年長く役所に在職し、そのあと天下りというだけでは、まだ問題の解決にはなりません。

○天下り規制の強化

天下り規制の強化を巡る議論も、さまざまな形でなされてきました。そのひとつが「省庁による再就職あっせん」に着目した規制です。これは、再就職あっせんを内閣に一元化する、役所の再就職あっせんを全面禁止するといったバリエーションがあり、「再就職あっせん規制」と呼ばれます。

次に、「再就職後の口利き（役所への影響力行使）」に着目した規制です。これは口利き行為を禁止するもので、「行為規制」または「働きかけ規制」と呼ばれます。これら以外に、求職活動に対する規制や、再就職情報の公表などもあります。

小泉内閣以降、これらの議論が入り混じり、天下り問題は大きな争点のひとつとなりました。この経緯は、第五章でお話しすることにします。

4 閉鎖性、特殊性

ふたつの閉鎖性

本章では、官僚主導＝縦割りの問題、能力・実績主義の不徹底の問題（年功序列、試験種類差別、天下り）について、お話ししてきました。ここからは、このふたつに収まりきらない問題について見ていきます。

縦割りに関して、「人事の閉鎖性」のお話をしました。各省ごとに閉鎖的な人事システムが作られ、さらに縦割り問題を深めるという構造です。ここでは、この閉鎖性について、もうすこし掘り下げてみます。

行政学の教科書では、一般に、「開放型任用制」と「閉鎖型任用制」という言葉が出てきます。前掲書『行政学〈新版〉』によれば、「開放型任用制」は、一九二〇年代にアメリカで確立された公務員制であり、職員の任用は、終身雇用を前提とせず、個々の職位に欠員が生じるたびに行なわれます。新卒採用だけでなく、中途採用も稀《まれ》でありません。

これに対し、「閉鎖型任用制」は、ヨーロッパ諸国や日本で形成されてきた公務員制で、職員の採用は新卒採用にほぼ限られ、人事異動は組織単位のなかでなされます。組織単位ごとの終身雇用制と年功序列制を基本にしており、組織の壁を越えた労働力移動、ことに官民間の移動をあまり想定していない、とされるのです。

ただ、同じ閉鎖型でも、たとえばイギリスの次官は首相任命で、複数の省庁を渡り歩くケースがよくあります。フランスのテクノクラート（幹部候補）は、政治任用によって大統領府や各省庁の大臣官房にしばしば出向することが一般的です。また、閉鎖型のイギリスを含め、ポストごとの公募制は、多くの国で導入されています（各国の制度について、236〜237ページの付表1をご参照ください）。対して、日本の官僚制は、各省ごとの閉鎖性が強いと考えてよいでしょう。

閉鎖性には、ふたつの意味が含まれます。第一は「各省間の壁」による閉鎖性、第二は「官民の壁」による閉鎖性です。

前者は、各省の縦割りと一体ですが、後者は、また別種の問題をもたらします。同種の人材ばかりが集まる組織集団になりがちなことです。「東大法学部卒偏重」は変わりつつあるにせよ、試験で同種の人材を選別・採用し、同じような育て方をしていることに変わりはありません。

こうした組織では、異分野の経験や知恵が持ち込まれず、新しいアイディアや発想は生まれづらくなります。同じような人は同じまちがいをしがちということもあります。従来の延長を積み重ねればよい状況ならばともかく、大きな政策転換が求められるような状況では、問題が生じやすくなります。

また、こうした同質性の高い集団だからこそ、「霞が関文学」と呼ばれるわかりづらい官僚用語や官僚特有の論理なども生まれます。内輪《うちわ》の世界でだけ通用し、一般の人には理解できない状態で政策が決まっていく、ブラックボックス的な行政運営にもつながりがちです。

閉鎖性は、第三章でお話ししたような「官僚こそ全体の奉仕者」といった、特殊な存在としての意識とも、密接に関わっています。こうした、いわば「特殊性幻想」とでも呼ぶべき意識は、官僚主導を支える要因のひとつでもあります。官僚の「意識」の問題は、行政運営システムや人事システムと深く結びつき、問題をさらに根深くしているのです。

官僚の無謬性《むびゅうせい》

特殊性幻想には、「官僚こそ全体の奉仕者」意識のほか、「官僚の無謬性」神話もあります。「無謬性」とは、絶対にまちがわないということ。もちろん、絶対にまちがわないということはありえませんから、まちがっても絶対に認めないという意味です。

官僚の仕事のひとつとして、法案の法制局審査のお話をしました（102～103ページ）。この法制局審査は、無謬性が徹底的に重視される典型例です。

これは、「既存の法律にはいっさいまちがいはない」という前提に立ち、新たに作る法案について、既存の法律条文との齟齬《そご》や不整合がないかを徹底的にチェックし、けっしてまちがいのない状態に仕上げて、国会に提出する、というプロセスです。

なぜ、既存の法律にいっさいまちがいはない、とするかというと、もっとも大きい理由は、それに関わった人たちの数が膨大であることです。法案の条文作業を担当した局長以下の職員といった限られた範囲ではありません。まず、法案を閣議決定した時の閣僚全員。さらに、そのあと国会議員の過半数が国会で議決しています。これだけの人たちに、すでに決定（閣議でのサイン）や議決をさせた以上、今さら「まちがっていました、すみません」とは、とうてい言えないのです。

無謬性の原点は天皇の官吏、つまり「天皇に責任を負わせられないから」と説明されることもあります。これが戦後は、「膨大な数の関係者に責任を負わせられないから」に変化したと考えてもよいでしょう。

日本の行政の特徴として指摘される「大部屋主義」も関連しています。欧米では官僚は個室で仕事をし、職務・責任の範囲も明確ですが、日本は大部屋で仕事をし、職務・責任の範囲が不明確です。みんなで行なったことなので、まちがいを認めづらくなります。

もうひとつの理由として、行政の世界では、一般に「まちがっていたかどうかの評価が困難」ということがあります。ただ、部局によっては、結果がすぐ明らかになる分野もあり、こうした部署では、組織文化がやや異なることもあります。

筆者は省庁勤務時に、内閣官房の安全保障・危機管理担当部局に出向したことがありますが、周りには防衛庁や警察庁で緊急時対応を長く担当している官僚たちが多くいましたが、彼らは意外なほど「これはまちがいだった」とすぐ認めるので、カルチャーショックを覚えたことがあります。おそらく、現実の災害など緊急時対応の局面では、もしまちがった時は、すぐ認めて次の手を打たないと被害を拡大させてしまうので、そうした姿勢が身につく面があるのでしょう。

いっぽうで、経済官庁の場合は、一般に結果が明らかになりづらく、まちがいを認めない傾向が強いと考えられます（いずれも個人差もあり、一概には言えませんが）。

こうした無謬性の弊害は、いくつかあります。

特に重大なのは、実際にはまちがっている時に、「まちがった」と認めないので、軌道修正がなかなかなされないことです。「まちがった」とは認めない範囲で微修正を繰り返し、無用な時間がかかってしまうことがよくあります。「責任をとらない、責任の所在が不明なままになる」ことも、これと表裏一体です。まちがいをおそれるあまり、事なかれ主義になる、チェックに膨大な時間を要するといったこともあります。これらはいずれも、政策の歪みに直結していきます。

公務員の身分保障という幻影⁉

公務員の身分保障については、第三章で歴史的な経緯（政党内閣による情実任用が横行し、これを防止するために制度化がなされた）をお話ししました。

「公務員は、民間とは違って、絶対に解雇されることはない」というのは、よく耳にすることでしょう。国だけでなく、地方公務員も同じく身分保障の対象です。地方ではよく、事業部門を民営化や民間委託した時の職員の扱いが問題になります。もともと、公務員としての身分保障があるため、仕事は外部に切り出しても、本人が「役所に残りたい」と言えば残さざるをえないわけです。「民営化された部門にいた公務員が、配置転換されて慣れないデスクワークをやっている」などというケースが生じるのは、このためです。

ところが、この身分保障について、条文に遡《さかのぼ》ってみると、実は「（民間と違って）絶対に解雇されない」などとは書いてありません。国家公務員の規定を見てみましょう。

国家公務員法第78条

職員が、次の各号に掲げる場合のいずれかに該当するときは、人事院規則の定めるところにより、その意《い》に反して、これを降任し、又は免職することができる。

一　人事評価又は勤務の状況を示す事実に照らして、勤務実績がよくない場合

二　心身の故障のため、職務の遂行に支障があり、又はこれに堪《た》えない場合

三　その他その官職に必要な適格性を欠く場合

四　官制若《も》しくは定員の改廃《かいはい》又は予算の減少により廃職《はいしょく》又は過員《かいん》を生じた場合

つまり、「勤務成績がよくない」「心身の故障」「必要な適格性を欠く」といった本人の問題がある場合や、「廃職又は過員」、つまりポストがなくなるようなケースでは、免職も降格もできると書いてあるのです。

いっぽう、民間企業の従業員も、けっして自由に解雇がなされるわけではありません。

「客観的に合理的な理由を欠き、社会通念上相当であると認められない場合」は解雇無効とされています（労働契約法第16条）。要するに、法律の条文上は、公務員も民間も、「まともな理由もなく解雇してはいけない」というあたりまえのことが定められているだけです。

ところが、現実には、この国家公務員法第78条にもとづく免職や降格（これらを「分限《ぶんげん》処分」と言います）は、国会決議による制約（一九六九年に「公務員の出血整理を行なわないこと」を決議）や、人事評価の機能不全などもあって、まずなされることがありません（人事院の年次報告書によれば、国家公務員全体で二〇一一年度は免職17件・降格0件、二〇一二年度は免職15件・降格2件、二〇一三年度は免職13件・降格1件）。国家公務員の総数30万人に比べれば、ほぼゼロと言ってよいでしょう（ちなみに二〇〇九年度だけは、社会保険庁の解体に伴って525人の分限免職がなされましたが、これは例外的でした）。

地方公務員の場合も同様です。要するに、「公務員は、免職も降格もなされない」という運用がなされてきたのです。

このように、公務員には特別な身分保障がある（民間と違って絶対に解雇されない）とい

図表7　官僚の問題点と弊害

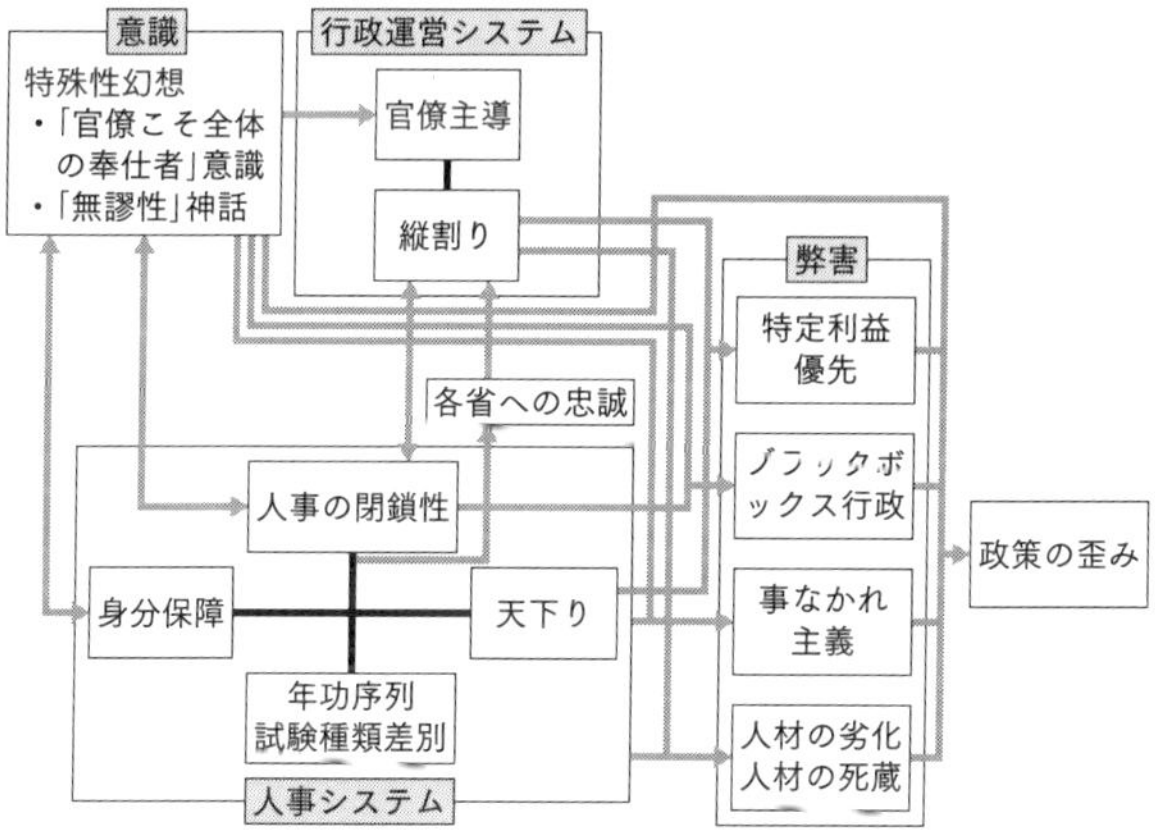

うのは、実は「運用」によって作られた幻影にすぎません。「制度」上の身分保障は、政治家による情実人事などを排除し、能力・実績主義を守る規定でしかありません。

能力・実績が劣れば、免職や降格もあります。むしろ、能力・実績主義の徹底という観点では、免職や降格がなされなければおかしいのです。

それにもかかわらず、「公務員だから特別」という理解が一般化し、現実にも分限処分がなされずにきたのは、「特殊性幻想」との相互作用と言ってよいでしょう。

そして、この（幻影の）身分保障は、年功序列・試験種類差別、天下り、閉鎖性と一体になって、各省への忠誠や縦割り意識を醸成《じょうせい》する強力な装置となっているのです。高度成長期に普及した日本的雇用慣行（終身雇用と年功序列にもとづく人事システム）が、より極端な形で固定されているのが、この〝4点セット〟と見ることもできるでしょう。

図表7は、官僚の諸問題（官僚の意識、行政運営システム、人事システム）と弊害について、整理してみました。次章では、これらに対する改革の歴史を見ていきます。

第五章

官僚制改革の経緯

1 第一次臨調《りんちょう》から、橋本《はしもと》行革まで(一九六四〜二〇〇〇年)

改革の7分類

前章では、官僚の抱える問題をお話ししました。これらの問題は、従来なんの議論もなく放置されてきたわけではありません。むしろ、いずれの点も、政府の設置した各種会議などで、幾度となく問題が指摘されてきました。そして、歴代政権が「改革」に乗り出し、部分的に前進の見られたこともありました。しかし、全般には十分な成果に至らないまま、いまだに「問題」として残されているのです。

本章では、「官僚制改革」の歴史を振り返ります。なお、「公務員制度改革」という言葉が一般によく使われますが、あえて違う言葉を使う理由は、すぐご説明します。

改革の具体的な課題は、多種多様です。枝葉《えだは》に入るとキリがありませんから、以下の七つのカテゴリーに分けて、大きな流れを追っていくことにします。

❶内閣主導・政治主導の確立

たとえば、橋本行革での中心課題だった「内閣機能の強化」、民主党政権が目指した

「脱官僚依存」などが、これにあたります。なお、この課題は政治と官僚の両方にまたがるため、しばしば「公務員制度改革」とは別課題と整理されることがあります。

本章では、混乱を防ぐため、内閣主導・政治主導の確立＝❶と、多くの場合の公務員制度改革＝❷〜❼を包含して、「官僚制改革」と呼ぶことにします。

❷人事の一元化

「縦割り打破のため、内閣で人事（採用、幹部人事など）を一元化すべき」といった議論が、古くからあります。

❸能力・実績主義の徹底

「キャリア・システムの見直し（試験種類でなく、能力・実績で登用すべき）」も、ここに含まれます。

❹天下りへの対処

❺人材の多様化

「官民の垣根《かきね》を越えた民間人材の登用」など。多様な人材を育成する観点で「複線型人事」も、ここに含めます。

❻その他（労働基本権の見直し、公務員倫理など）
❼人事行政体制の見直し
以上を実施するうえでの体制として、たとえば「人事院制度の見直し」、最近話題になった「内閣人事局創設」など。

これらの課題は、必ずしもどれかひとつにおさまるわけではなく、複数のカテゴリーに関わる場合ももちろんあります。たとえば「内閣人事局創設」は、❼だけでなく❷にも関わります。すでにお気づきかもしれませんが、これらは、第四章で触れた問題点とおおむね対応します（図表8）。

読者のなかには「これら7分類には、給与カットの議論が抜けているのでは？」と思われる方もいるかもしれません。この問題は「能力・実績に見合わない給与をもらっている人がいる」ことですから、「能力・実績主義の徹底」に含まれます。

世界各国の官僚制（236〜237ページの付表1）や日本の歴代政権での官僚制改革の経過（238〜259ページの付表2）を参照しつつ、読み進めていただければ幸いです。

図表8　官僚の問題点と改革課題

官僚の問題点（第四章）		官僚制改革の課題（第五章）	
行政運営システムの問題	・官僚主導 ・縦割り ・人事の閉鎖性（省庁の壁）	❶内閣主導・政治主導の確立	❼人事行政体制の見直し
人事システムの問題		❷人事の一元化	
	・年功序列 ・試験種類差別	❸能力・実績主義の徹底（キャリア・システムの見直しも含む）	
	・天下り	❹天下りへの対処	
	・人事の閉鎖性（官民の壁） ・特殊性幻想、その他	❺人材の多様化	
		❻その他（労働基本権の見直し、公務員倫理など）	

50年前から指摘されていた問題

戦後の国家公務員制度がスタートしてまだまもない一九六四年、第一次臨時行政調査会（129ページ参照、以下第一次臨調）が政府に答申を提出しました。

臨時行政調査会というと、第二次臨時行政調査会（42ページ参照。以下、第二次臨調）が有名ですが、一九六一年設置の第一次臨調はその前身で、民間人有識者が主体となって行革に取り組む枠組みのはじまりでした。

この答申で、公務員制度について、以下のような勧告がなされました。

「国家公務員の採用は、各省庁単位で実施されている。……このことが各省庁間のセクショナリズム的傾向を醸成する一要因になっているので、その対策としてまず、幹部要員等は、内閣が一括して採用し……各省庁に配分する建前《たてまえ》に改める」（❷関連）

「行政機関における人事運用は、資格別、学歴別年功序列偏重の傾向が特に強く、……これが職場のふん囲気を沈滞させ、公務員の士気《しき》を高揚《こうよう》させない要因となっている。これを是正するには、……昇進、配置のあり方を抜本的に改善しなければならない」（❸関連）

「公務員にとって、退職後の生活がどうなるかは非常に深刻な問題である。現在その就職あっせんは主としてその出身省庁が行なっており、いきおい当人はあくまでその省庁にのみ忠勤をぬきんでることになる。……総務庁人事局において、公務員の退職後の就職あっせん等の事務を一元的に処理すべきである」（❷❹関連）

どうでしょうか？　50年以上前の文書ですが、現時点での問題提起として読んでも、さほど違和感がないのではないでしょうか。答申ではこのほか、次の勧告がなされています。

・内閣府、内閣補佐官の設置、中央省庁でのトップマネージメント体制強化、政府委員制廃止（❶関連）
・内閣による採用、人事交流、合同研修の統一的管理、配置転換の一元化（❷関連）
・信賞必罰《しんしょうひつばつ》のため、勤務評定の完全実施、評定結果の給与との結びつけ（❸関連）
・退職年齢の漸進的引上げ（❹関連）
・専門職制度の確立（❺関連）
・原則として団体交渉権を認め、争議権は適切な規制のもとでできる限り認める方向で検討すべき（❻関連）
・人事行政に関する内閣機能の確立（総務庁人事局の新設）（❼関連）

具体的な処方箋としても、近年の議論を先取りする内容が多く、今日に至るまでの官僚制改革の論点の相当部分を網羅《もうら》しています。明らかに抜け落ちているのは（おそらく当時確立してきた終身雇用慣行を背景として）官民の人材交流ぐらいでしょう。

ただ、残念ながら、この勧告の多くは実施されず〝お蔵入り〟となりました。

人事行政については、一九六五年に「総理府人事局」が実現しましたが、これはむしろ問題の始まりでした。内閣と人事院の関係（内閣から独立した人事院と、行政組織のトップとしての内閣の人事行政機能をどう整理するか）を巡っては、その後、幾度となく大論争がなされることになります。

第二次臨調の成果

この第一次臨調に続く第二次臨調では、「増税なき財政再建」を旗印《はたじるし》に、三公社（日本国有鉄道・日本電信電話公社・日本専売公社）の民営化など、個別分野の改革に大きな力が注《そそ》がれました。そして、ここでも官僚制改革は重要課題とされ、以下の提言がなされました。

・内閣機能の強化（補佐・助言体制強化、無任所大臣制など）（❶関連）
・総合管理庁の設置（総理府人事局、行政管理庁等を統合）（❶❼関連）

・人事局でセクショナリズム打破のための総合調整機能発揮（人事交流推進、省庁間配置転換推進など）（❷関連）
・上級（甲）採用以外の一般職員から幹部登用、上級（甲）試験の内容・区分改善、能力主義推進（❸関連）
・社会経験（民間、学界など）を有する適任者からの採用積極化、専門職制の明確化（❺関連）

これら以外にも、人件費抑制の観点で、人事院勧告のあり方（民間給与比較の対象拡大、地域不均衡など）の問題も取り上げられました。

提言の一部は、内閣内政審議室・外政審議室など5室体制確立、（総合管理庁構想を受けた）「総務庁」の設置などの形で実現されました。しかし、部分的な前進はあったものの、縦割りや能力主義不徹底といった問題解消に向けて、十分な道筋を示すには至りませんでした。

橋本行革は、何を目指したのか？

こうした諸課題が再び、表舞台で本格的に議論されるようになるのは、橋本内閣（一九九六年一月～一九九八年七月）での行政改革（橋本行革）の時でした。

橋本行革は、「中央省庁再編」が有名ですが、「内閣機能の強化」「公務員制度改革」にも熱心に取り組みます。一九九〇年代半ばは大蔵省幹部の過剰接待、元厚生事務次官逮捕など、公務員不祥事が相次いだ時期で、公務員制度改革は避けて通れない課題でした。

橋本内閣ではまず、かつて第一次臨調でも勧告されていた「総理補佐官（第一次臨調の勧告時の呼称は「内閣補佐官」）」を制度化しています（一九九六年）。行政改革担当の内閣総理大臣補佐官には、元総務庁長官の水野清《みずのきよし》議員が任命され、行政改革会議（橋本首相自らを会長として学識経験者ら13人で構成）事務局長を兼務して、橋本行革を支えることになりました。

そして一九九七年十二月、行政改革会議は中央省庁再編、内閣機能の強化、行政機能の減量・効率化（企画立案部門と実施部門の分離など）、公務員制度改革を柱とする最終報告をまとめます（内閣機能の強化と公務員制度改革は別の柱立てとされた）。

この報告は、その後十数年にわたる改革課題を広くカバーし、議論の原点となっていきます。それでは、項目に沿って見ていきましょう。

○内閣機能の強化（❶関連）

内閣機能の強化は、中央省庁再編とともに最重要と位置づけられる柱でした。その内容は、各省庁による分担管理原則（縦割り）からの転換、トップダウン機能の強化を強く意識したものです。

具体的には、①総理大臣の指導性強化→発議権の制度化など、②内閣官房と内閣府で内閣を補佐・支援→内閣官房は内閣総理大臣により直接選ばれた（政治的任用）スタッフによって基本的に運営し、内閣府は「知恵の場」にふさわしく専門スタッフを糾合《きゆうごう》（のちに小泉内閣で大きな役割をはたす「経済財政諮問会議」も、ここで提言されたもの）、③各省庁の局長以上幹部人事の内閣承認、などが示されました。

○新たな人材の一括管理システムの導入（❷関連）

公務員制度改革のなかでは、「新たな人材の一括管理システムの導入」という方針が掲げられました。これも、縦割り打破という大方針に沿ったものでしょう。ただ、「新たな……」という題目に比べ、実はそれほど抜本的な一括管理に踏み込むものではありませんでした。具体的には、人材情報の総合的管理、幹部職員等の計画的育成、人事交流の一層の推進、退職後の人材活用システムなどにとどまり、一括採用は引き続き検討、とされました。

「公務員制度調査会（行政改革会議の要請により、公務員制度改革の具体的内容を検討する）」の意見書（一九九七年十一月）によれば、「強い一括管理＝各省大臣等の人材管理に関する権限を内閣又は内閣総理大臣に完全に移管」という考え方もあったが、検討の結果、「各省庁による個別人材管理を基本」としつつ「人材の一括管理＝調整的人材管理」にした、との経緯が示されています。

○内閣官房・内閣府の人材確保、多様な人材確保、能力・実績に応じた処遇の徹底（❸❺関連）

・外部からの人材登用、（外部から専門的知識を有する人材を登用するため）任期付《にんきつき》任用制度の導入

・客観性の高い人事評価システムの確立と能力・実績重視の昇進管理の確立
・Ⅰ種＝幹部候補要員は前提としつつ、能力・実績にもとづき、早い段階から抜擢・スクリーニングを行なうことにより、昇進と年次とが直接には結びつかない厳格な選抜制度を確立
・Ⅱ・Ⅲ種から、能力・実績評価により、幹部職員への積極的な登用を推進
・事務系、技術系の人事の統合
・ライン職とスタッフ職・専門職の複線的人事制度を確立
○退職管理の適正化（❹関連）
・定年年齢見直し、定年まで勤務できる条件・制度の整備
・各省単位の再就職支援がセクショナリズムの弊害を生むことを踏まえ、政府全体での公正・透明な再就職管理システム（人材バンク等）の導入
○中央人事行政機関のあり方（❻❼関連）
・公務員の労働基本権のあり方については、幅広く専門的な検討を行なう
・内閣官房は、新たな一括管理システム導入に伴う人事機能、各省庁中枢の人事運用

（幹部人事の昇任の補佐）など

・総務省は、人事管理の方針・計画等に関する総合調整など

・人事院は、労働基本権制約の代償措置としての機能に集中、各任命権者による人事管理をより弾力的なものとする等人事院による統制の緩和を進める

ここで押さえておく必要があるのは、「内閣一括管理」と「各省分権化」というふたつの方向性が混在していることです。

「新たな人材の一括管理」の項は内閣一括管理の方向です。これに対し、最後の人事院に関する部分は、人事管理の各省分権化を意味します。つまり、各省の人事管理に関して人事院が行なってきたさまざまな審査・承認などを外《はず》し、各省の自由度を高めようということです。

これらのふたつの方向性は、必ずしも矛盾するものではありませんが、このあと、しばしば混線と停滞を招き、長い議論につながっていきます。

行政改革、その後

「最終報告」をベースとして、一九九八年六月、第一段階として改革プログラムを定める「中央省庁等改革基本法」が制定されました。ところが、同年七月の参議院選挙での大敗により、橋本内閣は退陣に追い込まれ、道半《みちなか》ばの橋本行革は小渕《おぶち》（恵三《けいぞう》）内閣に引き継がれます。そして、〝二段ロケットのふたつ目〟である「中央省庁等改革関連法」は、一九九九年七月に小渕内閣のもとで成立に至りました。

橋本行革の中核だった「中央省庁再編」と「内閣機能強化」は、ここで実現されました。いっぽう、「公務員制度改革」については、多くの課題が先送りされました。

最終報告ののち、さらに公務員制度調査会で検討が深められましたが（一九九九年三月に答申）、実現に至ったものはわずかでした。「行政改革会議最終報告はその後十数年の公務員制度改革の原点」とされますが、これは、多くの課題が長らく動かなかったという意味でもあります。

それでは、さきほど記した行政改革会議最終報告での課題が、それぞれどうなったか、項目ごとに見ていきましょう。

○内閣機能の強化

「内閣機能の強化」の部分は、おおむね実現されました。「総理大臣の指導性強化（発議権の制度化）」「内閣官房の強化、内閣府の設置」は、一九九九年七月の中央省庁等改革関連法で実現しました。加えて、同時期に成立した「国会審議活性化法（小沢一郎《おざわいちろう》自由党党首による、いわゆる「小沢構想」）」により、「副大臣・政務官の創設」「政府委員の廃止」などもなされました。「局長以上幹部人事の内閣承認」は、二〇〇〇年十二月に閣議決定され、実行に移されました。

○新たな人材の一括管理システムの導入

○中央人事行政機関のあり方

これらの事項では、大きな変化はもたらされませんでした。「内閣一括管理」と「各省分権化」は、前者の方向性が徐々に薄まりつつ、指定職の号俸決定の規制緩和など、局所的な議論に収束していきました。「労働基本権」は、公務員制度調査会で検討グループを設けて議論がスタートしましたが、その後、二〇〇〇年十二月の「行政改革大綱《たいこう》」では項目が落とされ、二〇〇一年には検討グループが休会し、検討は停止されました。

○内閣官房・内閣府の人材確保、多様な人材確保、能力・実績に応じた処遇の徹底
「民間人材登用」「官民人事交流」に関わる部分は、実現されました。「任期付任用法（高度な専門性ある人材を相応の給与で任期付採用する制度）」は二〇〇〇年十一月に制定され、その後、金融庁、特許庁、内閣府などを中心におおいに活用されています（二〇一三年度末の在職者数1364人）。「官民人事交流法（官庁と民間企業間の人事交流）」は一九九九年十二月に制定されました（二〇一三年末時点の在職者数は、民から官が354人、官から民へ派遣が155人）。

その他の事項は、Ⅱ・Ⅲ種の登用などの運用面は、省によっては若干《じゃっかん》の動きがありました。しかし、能力・実績主義の基盤となるべき「人事評価制度」は、なかなか実現に至りませんでした。結局、二〇〇六年からようやく試行、二〇〇七年に制度化（国家公務員法改正）されるまで、最終報告から10年を要することになりました。この経緯は、また追ってお話しします。

○退職管理の適正化

「人材バンク」は二〇〇〇年四月に設置されましたが、それ以外の課題は、引き続き検討されていくことになりました。また、その人材バンクも実質的にはほとんど機能せず、その後、天下り規制を巡って、さらなる議論の対象となっていきました。

2 省庁再編から、小泉《こいずみ》内閣まで（二〇〇一～二〇〇六年）

改革の再始動

中央省庁再編は二〇〇一年一月、森《もり》（喜朗《よしろう》）内閣のもとで施行されました。この時、内閣に行政改革推進本部（政府行革本部）と、その事務局が設置されました。「行政改革担当大臣（以下、行革担当大臣）」が最初に置かれたのも、この時です。初代行革担当大臣には橋本元首相が任命され、停滞気味《ぎみ》だった公務員制度改革に、再びエンジンをかけることになりました。

これに先立って二〇〇〇年十二月、政府は「行政改革大綱」を閣議決定しました。「信賞必罰の人事制度」「再就職規制」など、行政改革会議最終報告からの積み残し課題が柱とされています。

目新しい事項としては、「大臣スタッフの充実（大臣の企画立案を直接補佐するため、行政機関内外から登用）」（❶関連）、「再就職後の行為規制」「早期退職勧奨是正」と並んで、「再就職の大臣承認」「役員出向制度（特殊法人を渡り歩いて退職金をもらうことへの対処として）」（❹関連）、などが現われました。また、人事行政体制については、「事前規制型の組織・人事管理システムからの転換（各主任大臣が組織・人事制度を設計・運用するシステムへ）」として、「各省分権化」（❼関連）に焦点が絞《しぼ》られました。

大綱の決定プロセスでは、自民党に設けられた行政改革推進本部からも問題提起があり、これも取り入れた決定がなされました。これ以降、官僚制改革を含む行政改革は、政府行革本部と自民党行革本部というふたつの「行革本部」の二人三脚で進められていくことになったのです。

小泉改革の光と影

二〇〇一年に省庁再編が施行されてまもなく内閣が代わり、小泉内閣（二〇〇一年四月～二〇〇六年九月）がスタートしました。小泉内閣での官僚制改革には、強い光と影がありました。光の面は、強力な首相主導体制の実現に成功したことです。

具体的には、従来は慣例だった閣僚候補の派閥推薦を受け付けず、首相専権で組閣、「一《いち》内閣一《いち》閣僚」を基本原則に大臣任期の長期化、大臣任命の際に首相指示の文書を手交《しゅこう》、などを通じ、これまでとは異なる首相主導が生まれたのです。

橋本行革での「内閣機能の強化」の成果も、フル活用されました。とりわけ、中央省庁再編で設けられた「経済財政諮問会議」は、改革のエンジンとして、おおいに活躍しました。

４人の民間議員が連名で思いきった改革案（民間議員ペーパー）を示し、竹中《たけなか》（平蔵《へいぞう》）経済財政政策担当大臣と関係大臣が議論を戦わせ、最後は小泉首相が裁断するというスタイル（竹中平蔵著『構造改革の真実　竹中平蔵大臣日誌』によれば、「裏会議での戦略作成」「民間４議員共通の主張」「総理の一言」の３点セット）は、絶大な威力を発揮しました。第一章でお話しした「政策の歪み」構造との関係で言えば、諮問会議は、まさに「国民全体のため」の側に立って、鉄のトライアングルを突破する推進役となったのです。

諮問会議は、制度創設（小渕内閣）時は、政府内でもどこまで積極的に活用するか、議論が分かれていました（たとえば当時の宮澤喜一《みやざわきいち》大蔵大臣は「サロン型」運営を志向）。このため、民間議員は「非常勤」とされるなど（なお、政府の多くの重要会議では常勤）、制度上は中途半端な面がありました。しかし、その不備を補《おぎな》って余りある運用がなされました。

このほかにも、政権のさまざまな重要課題（道路公団民営化、郵政改革、規制改革、構造改革特区、市場化テスト、地方分権改革など）について、内閣官房や内閣府を拠点に、改革への取り組みがなされました。これも、橋本行革の「内閣官房・内閣府の体制強化」の成果でした。事務局での民間人活用なども効果を挙げました。

また、本章の範疇《はんちゅう》は超えますが、同じく橋本行革の成果である「行政評価」の運用スタート（二〇〇一年〜）なども、官僚制改革を側面から支えるものでした。その一環で、「規制の事前評価（Regulatory Impact Analysis）」（二〇〇四年〜）など、政策の歪みを防ぐための重要なしくみの導入もなされました。

他方、こうした取り組みの多くは、小泉首相という特異なリーダー（および竹中大臣という推進役）が存在したがゆえに成立した〝運用〟という面がありました。このため、その後の政権では、再び後戻りしたり、空洞化してしまう例が少なくありませんでした。経済財政諮問会議も、「改革のエンジン」としての機能が弱まっていきました。

また、小泉内閣は、橋本行革の成果などを最大限に活かし、〝運用〟上の「内閣主導の確立」を進めたいっぽうで、〝制度〟面での「内閣主導の確立」への熱意は相対的に低かったとも思われます。

小泉首相自らの設けた自民党国家戦略本部では、二〇〇二年に「政治システム最終提言（国家ビジョン策定委員会）」をまとめ、さらなる制度課題を提示しました。

・政府・与党の政策決定の一元化（事前承認制の廃止）（❶関連）
・事務次官会議の廃止（❶関連）
・内閣の政治主導を確保するため「国家戦略会議」の創設（❶関連）
・「政策官（日本版ポリシーユニット）」の創設（首相・大臣が、自らの政策立案・執行を補佐させるため、官民を問わず各分野のトップクラスの専門家を常勤で採用）（❶関連）

しかし、郵政民営化法案を巡って政府・与党二元体制の問題が事実上克服《こくふく》されたことを除けば、これらが実現されることはありませんでした。ただ、ここでの議論が、のちの国家公務員制度改革基本法などにつながっていった面はありました。

つまずきの元となった、公務員制度改革大綱《たいこう》

〝運用〟上の内閣主導の確立という〝大戦果〟のいっぽう、懸案となっていた、その他の公務員制度改革（❷〜❼）は難航します。

けっして、何も動いていなかったわけではありません。行革担当大臣（橋本大臣のあとを引き継ぎ、小泉内閣では石原伸晃《いしはらのぶてる》大臣らが務めました）のもと、公務員制度改革の検討・準備がなされ、政府方針の決定も再三なされました。しかし、進展は小さく、小泉内閣初期からの課題の多くは、その後の第一次安倍内閣まで持ち越されていくのです。

以下では、その経過をざっと見ておきましょう。

まず、二〇〇〇年末の「行政改革大綱」決定後、公務員制度改革部分の具体化に向けた検討は、政府行革本部のもとで着々と進められました。二〇〇〇年十二月には「公務員制

度改革大綱」が閣議決定されます。項目に沿って整理してみます。

○新人事制度の構築（❸関連）
・能力評価と業績評価からなる新評価制度の導入
・能力本位の人事配置、能力・職責・業績を反映した給与制度
・幹部候補職員を計画的に育成する仕組みの導入
・上級幹部職員にふさわしい新人事制度の確立（年俸制導入など）
○多様な人材の確保（❺関連）
・民間からの人材の確保、公募制の積極的活用
○適正な再就職ルールの確立（❹関連）
・営利企業への再就職に係《かかわ》る承認制度（人事院承認に替えて大臣承認へ）
・営利企業に再就職後の行為規制
・特殊法人等への再就職につきルール設定、役員出向
○組織のパフォーマンスの向上（❶関連）

・国家戦略スタッフ（内閣総理大臣が自らの判断にもとづき、行政内外から内閣の重要政策の企画立案等に従事する職員を機動的かつ柔軟に任用、配置）を導入
・各府省大臣を直接補佐する大臣スタッフを充実
○人事組織マネジメント（❼関連）
・各大臣の主体的な責任と権限の明確化
・内閣の人事行政の企画立案機能・総合調整機能の強化

橋本行革以来の懸案事項のほか、目新しいところでは「国家戦略スタッフ」「公募制」「上級幹部職員の人事制度」なども加わり、その後の重要論点はおおむね出そろいました。

いっぽうで、労働基本権については「現行の制約を維持する」（❻関連）とした点、前年の「行政改革大綱」の延長上で、天下り関連の「人事院承認に替えて大臣承認へ」を含め、「人事院から各省への分権化」の方向を明確にした点は、その後の混迷の要因となりました。

迷走した、公務員制度改革

「公務員制度改革大綱」では、次のスケジュールを設定していました。

まず、国家公務員法改正案を、行革事務局が中心となって検討し、二〇〇三年中を目標に国会提出する。そして、関係法令の整備は二〇〇五年度末までに計画的に実施し、全体として、二〇〇六年度をめどに新たな制度に移行する。

しかし、このスケジュールは守られることなく、大幅に遅れていきました。理由は、大綱がさまざまな形で批判を浴びたためです。

そのひとつは、プロセス面での批判です。当時、内部告発文書によって、「大綱の案文を実際上まとめたのは経済産業省の若手官僚グループの『裏チーム』だ。自民党有力議員らと手を組んで暗躍し、人事院の権限縮小を目指して密《ひそ》かに包囲網を形成」などと報じられ、国会でも取り上げられる騒ぎになりました。

また、内容への批判も相次ぎました。たとえば、学界・経済界などの有識者により一九九九年に結成された「新しい日本をつくる国民会議（＝21世紀臨調。共同代表は佐々木《ささき》毅《たけし》東京大学教授、茂木《もぎ》友三郎《ゆうざぶろう》キッコーマン社長、西尾勝国際基督教大学教授ほか、いずれも肩書きは当時)」は、二〇〇二年五月の「公務員制度改革に関する緊急提言」において、次のような問題提起をしました。

○天下りを助長し各省セクショナリズムを強化する現行方針の見直しを

・大綱の内容（人事管理権を奪って各省大臣に分担管理させる）では、セクショナリズムの弊害をこれまで以上に拡大しかねない

・むしろ、各省別採用制の見直し、審議官（部長）級以上の高級官僚の人事管理権は内閣総理大臣の権限に移管、本省課長級以上の天下り（再就職あっせん）を内閣官房の所管に、といった改革を進めるべき

○退職後の再就職の自由化ではなく「早期勧奨退職慣行」こそ是正を

・大綱では、天下りへの抜本的対応が欠落。早期勧奨退職慣行の廃止、定年年齢を65歳にまで引き上げ、などを進めるべき

○キャリア・システムの廃止を目指した検討の開始を

・大綱では、キャリア・システムを維持しようとしているが、維持は困難。キャリ

ア・システム廃止（Ⅰ種、Ⅱ種を統合し幹部候補を選抜・養成する新システムの構築）を進めるべき

有力な識者らによる批判は、大綱に沿って法案準備をこのまま進めることを難しくしました。また、ここでの21世紀臨調の提言の多くが、その後の改革につながっていくことにも注目しておいてよいでしょう。

特に「早期勧奨退職慣行の是正」は、その後、小泉首相が閣僚懇談会で検討を指示し（二〇〇二年七月）、第四章でもお話しした「二〇〇八年度までに平均勧奨退職年齢3歳以上引き上げ」という閣僚懇談会申合せ（同年十二月）がなされました。「幹部人事の内閣移管」「キャリア・システムの廃止」などは、さらにその先の議論につながっていくことになりました。

大綱で「現行制約を維持」とされた労働基本権に関して、日本労働組合総連合（連合）と全国労働組合総連合（全労連）は、日本の公務員制度や公務員制度改革大綱の内容がＩＬＯ（＝International Labour Organization。国際労働機関）条約に違反するとして、ＩＬＯ

結社の自由委員会に提訴しました。

これを受けて二〇〇二年十一月、ＩＬＯ理事会が、現行の制約を維持するとの考えを再考すべきとの委員会報告書を採択（二〇〇三、二〇〇六年にも同様の報告書採択）。この点でも、大綱に沿ってそのまま改革を進めていくことへのハードルは高まりました。

停滞した、公務員制度改革

公務員制度改革大綱にもとづく法案化を巡っては膠着《こうちゃく》状態が続き、当初のスケジュールであった二〇〇三年が過ぎました。政府は二〇〇四年十二月、閣議決定「今後の行政改革の方針」で、公務員制度改革について次の方針に転換しました。

法案については、改めて改革関連法案の提出を検討（＝当面の法案提出は断念）する。

いっぽう、現行制度の枠内でも実施可能なものについては早期に実行に移し、改革の着実な推進を図る。そして、現行制度の枠内でも実施可能な事項として、「人事評価の試行」や「スタッフ職の整備」などが、当面の課題とされました。

しかし、「金融改革」「郵政民営化」など、政権の重要課題に注目が集まるいっぽう、公務員制度改革への注目は薄れていきました。二〇〇五年九月の「郵政選挙」を経て、同年十二月の閣議決定「行政改革の重要方針」から、二〇〇六年六月の「簡素で効率的な政府を実現するための行政改革の推進に関する法律（行政改革推進法）」制定にかけては、「政策金融改革」や「総人件費改革（定員純減）」が主なテーマとされました。

公務員制度改革は、今後の検討課題として〝いちおう触れておく〟程度の扱いでした。「能力・実績主義の徹底」「再就職管理の適正化」はできる限り早期に具体化する、「労働基本権と人事院制度」「キャリア・システム（幹部職員の選抜及び育成に係る制度）」などについて引き続き幅広い観点から検討、といった方向が示されるにとどまりました。「能力・実績主義」と「天下り」の二本柱のほか、公務員制度改革大綱では明確に打ち出された「各省分権化」が消え、かわって「労働基本権」や「キャリア・システム（の見直し）」が課題とされ、第一次安倍内閣へと引き継がれたのです。

第一次安倍内閣の話に移る前に、「中馬《ちゅうま》プラン」にも触れておきましょう。

小泉内閣終了直前の二〇〇六年九月二十二日、中馬弘毅《こうき》行革担当大臣名で「新たな公務員人事の方向性について」というペーパーが、経済財政諮問会議に提出されました。担当大臣が退任直前に提示した「私案」にすぎませんでしたが、同氏がその後自民党行革本部の幹部に転じたこともあり、「中馬プラン」と称《しょう》され、その後の改革議論にも影響を与えることになりました。ポイントは、以下のとおりです。

○官民間の人材交流の拡大（❺関連）
○定年まで勤務することも可能な人事の構築（❹関連）
・複線的な人事管理／深い専門知識を有する高齢職員をスペシャリストとして活用
○新たな再就職ルール（❹関連）
・現在の再就職ルール（営利企業への再就職規制）は廃止
・関係企業への打診・依頼等の禁止（＝求職活動規制）
・再就職後、在職していた機関への不正な働きかけの禁止（＝働きかけ規制）

やや細かい点ですが、ここで、「複線的な人事管理」の位置づけの変化（❺から❹へ）には、注目しておいていいでしょう。従来は「行政の専門性の向上、スペシャリストの養成」という文脈で議論されていましたが、この頃になると、もっぱら天下りへの対処、つまり高齢職員を官庁で勤務させ続けるための方策と整理されるようになったのです。

3 第一次安倍《あべ》内閣、福田《ふくだ》内閣での前進（二〇〇六～二〇〇九年）

新《あら》たな改革の始動

第一次安倍内閣から福田（康夫《やすお》）内閣にかけて、停滞していた公務員制度改革は、ようやく動き始めました。筆者は、この間のプロセスでは、行革担当大臣補佐官として内部で関わっていました。本書では、できるだけ客観的に事実の整理をしていきます（当時の経緯の詳細、筆者の考えていたことは、拙著『官僚のレトリック』に記録しています）。

第一次安倍内閣では、長年の懸案だった公務員制度改革に取り組み始めます。ただ、「能力・実績主義の徹底」はともかく、「天下りへの対処」の内容をどうするかは大きな課題でした。当時、民主党からは「早期勧奨退職の禁止」などを内容とする対案が示され、「中馬プラン」では不十分との批判もなされていたからです。

二〇〇六年十二月、経済財政諮問会議で公務員制度改革が議題とされ、民間議員（丹羽《にわ》宇《う》一郎《いちろう》伊藤忠商事会長、八代尚宏国際基督教大学教授ら4人、いずれも肩書きは当時）からの「民間議員ペーパー」が提出されました。

小泉内閣で確立した改革推進スタイルが、第一次安倍内閣でも踏襲されていたのです。

その内容は次のとおりです。

○天下り関連（❹関連）

中馬プランを評価しつつ、その修正を求める事項として、

・利益誘導や省益追求の背景となってきた、各省による再就職あっせんを禁止

・政府全体で一元化された窓口で、公務員の希望と求人をマッチング。現在の人材バンクの機能を2年間程度の移行期間内に強化

・一定の再就職準備期間や、希望者は定年まで働けるスタッフ俸給表の創設

○その他（❸❻関連）

・労働基本権を付与する方向で真剣に検討すべき

・年功序列システムを壊し、能力・実績主義を重視

特に、重要な点は、中馬プランでは触れられていなかった「再就職あっせん規制」に踏み込み、「新・人材バンクへの一元化（すでにあった人材バンクを強化して再構築するとの意味で、当時の議論ではこう呼ばれました）」を提案したことでしょう。

人材バンクは、かつての橋本行革の流れで二〇〇〇年に設置されていましたが、「一元化」ではなく、各省庁と並行して再就職あっせんを行なっていました。その結果、当時、あっせん実績は1例だけ、とまったく機能していないことが明らかになっていました。

「押しつけ的あっせん」論争

二〇〇六年末、行革担当大臣が佐田玄一郎《さたげんいちろう》議員から渡辺喜美《わたなべよしみ》議員に代わります。以後、安倍首相・塩崎恭久《しおざきやすひさ》官房長官・渡辺行革担当大臣の体制のもと、法案検討が進められました。天下り規制では、中馬プラン（求職活動規制、働きかけ規制）と民間議員ペーパー（再就職あっせん規制＋新人材バンク）の折衷《せっちゅう》がベースとなりました。

ただ、「再就職あっせん規制＋新人材バンク」構想に対しては、あまりに急進的として霞が関や自民党議員から反対が強く、二〇〇七年一月から四月にかけて政府・与党内で大論議になりました。詳細は省きますが、ひとつだけご紹介しておきましょう。

当時の大きな論点のひとつが、押しつけ的あっせんだけを規制するのか、すべてのあっせんを規制するのか、です。押しつけ的あっせんだけを規制する限定論は、「役所から民間に押しつけることは問題があるが、民間側が『官僚ＯＢを受け入れたい』と希望しているならば問題ない。押しつけ的あっせんだけ規制すべき」という立場でした。

しかし、第四章でもお話ししましたが、天下りは、官庁と業界・団体の結節点となっていることが通常です。現実の天下りは、そうした期待のもとで、必ず民間側が「官僚ＯＢを受け入れたい」と希望して行なわれています。非限定論はこうした見地《けんち》で「すべての再就職あっせんとしなければ、一元化にならない」とし、最終的に、こちらで決着しました。

こうして、二〇〇七年四月には法案の方向性が決定されました。閣議決定「公務員制度改革について」にもとづき、主要項目を整理しておきます。

○能力・実績主義（❸関連）
・「人事評価制度」の確立：従来あった勤務評定をバージョンアップし、「任用、給与、分限その他の人事管理の基礎」として制度確立
・「能力本位の任用制度」の確立：制定以来機能していなかった「職階制」に替えて、官職に応じた「標準職務遂行能力」を制度化
・「人事管理の原則」の追加：採用後の人事は「採用年次、合格した採用試験の種類等にとらわれてはならない」との規定追加
○再就職規制（❹関連）
・「再就職あっせん規制」：各省による再就職あっせんを禁止し、「官民人材交流センター（新・人材バンク）」に一元化（施行から3年以内）
・「求職活動規制」：利害関係のある営利企業等への求職活動を規制
・「働きかけ規制」：離職後2年間、離職前5年間に担当した職務に関する働きかけを規制
・現行の事前承認制度は一元化の時点で廃止

・監視のため「再就職等監視委員会」を設置
○パッケージとしての改革、その他
・以上を内容とする国家公務員法改正案は速やかに提出するほか、公務員制度の総合的な改革を検討し「国家公務員制度改革基本法」を提出
・課題は「専門スタッフ職」「公募制」「官民交流の抜本的拡大」「定年延長」など
・労働基本権は、行革推進本部専門調査会の審議を踏まえ、引き続き検討

能力・実績主義と天下り規制の部分は、直《ただ》ちに国家公務員法改正案が国会提出されました。ただ、国会審議も、天下り規制を巡って難航しました。「再就職あっせん規制＋新人材バンク」構想は、政府・与党プロセスでは「あまりに急進的」と批判されましたが、国会審議に入ると、今度は民主党やマスコミから「不十分＝新人材バンクが天下りバンクになるだけ」との批判を浴びることになりました。

会期《かいき》延長も経て二〇〇七年七月、改正案は成立に至りました。さらに、閣議決定の「パッケージとしての改革」に向け、「国家公務員制度の総合的な改革に関する懇談会（制度

改革懇談会）」が七月にスタートしました。しかし、第一次安倍内閣は九月に退陣、福田内閣に代わります。

福田内閣での前進

福田内閣では、第一次安倍内閣の方針を引き継ぎ、「国家公務員制度改革基本法」の制定に向けた準備が進められました。ここでの基本法とは、具体的な制度改正に先立って、何をいつ行なうかを決める、いわゆるプログラム法を指します。このため、制度改革懇談会が引き続き開催されました。

並行して労働基本権に関して議論を続けていた専門調査会から、二〇〇七年十月に報告書「公務員の労働基本権のあり方について」が提出され、多少あいまいな部分は残されたものの、基本的には「協約締結権の付与」という方向の結論が示されました。

制度改革懇談会の報告書は二〇〇八年二月に提出され、基本法に盛り込むべき事項が示されました。数多くの課題が掲げられていますが、ポイントだけ拾ってみます。

○議院内閣制にふさわしい公務員の役割（❶❷関連）
・内閣の重要政策の企画立案を担う国家戦略スタッフ、大臣を補佐する政務スタッフ
・政官接触の集中管理（政務専門官設置など）
・幹部人事の内閣一元化（内閣人事庁による適格性審査）
○多様な人材の採用・育成・登用（❷❸❺関連）
・キャリア・システムの廃止
・Ⅰ種・Ⅱ種・Ⅲ種試験から総合職・一般職・専門職、中途採用試験の導入
・総合職は内閣一括採用
・幹部候補育成課程の導入
・管理職以上への公募拡大
○評価の適正化、官民交流の促進、国際競争力ある人材
○定年・退職（❹関連）
・定年まで勤められる環境整備
○人事管理の責任体制（❻❼関連）

・内閣人事庁の設置（総務庁人事・恩給局、人事院等の関連機能を統合）
・労働基本権付与は、専門調査会の報告を尊重

○改革スケジュール
・二〇〇九年の通常国会に内閣人事庁設立の法案提出
・必要な法案は二〇一一年の通常国会に提出し、5年以内に改革を実施

「政官接触の集中管理」は、ここまであまり出てきていなかった事項です。イギリスでは、官僚の政治的中立性が重んじられ、官僚の政治家への接触は原則禁止されています（大臣などは除き）。これを参考に、議院内閣制にふさわしい公務員という観点で、新たに設ける「政務専門官」を除いて、政治家への接触禁止を打ち出したものでした。

この「政官接触の集中管理」や「内閣人事庁設置」は再び、政府・与党内で大論争になりました。自民党内の国家戦略本部が改革推進に動いたこともあって、結論としては、ほぼ右に掲げた事項（懇談会報告）のとおり法案がまとまり、四月に国会提出されました（図表9）。

図表9 「国家公務員制度改革基本法」制定の経過

	「制度改革懇談会」報告 (2008年2月)	政府提出法案 (2008年4月)	3党修正協議を経て成立した「基本法」 (2008年6月)
議院内閣制にふさわしい公務員の役割	国家戦略スタッフ、政務スタッフ		
	政官接触の集中管理（政務専門官設置など）		➡政官接触の透明化
	幹部人事の内閣一元化		
多様な人材の採用・育成・登用	キャリア・システムの廃止、試験制度見直し、中途採用試験の導入		
	幹部候補育成課程の導入、公募拡大		
	総合職は内閣一括採用		➡一括採用はしない
定年・退職	定年まで勤められる環境整備		
		定年の段階的引き上げ	
人事管理の責任体制	内閣人事庁の設置（人事院、総務庁等の関連機能を統合）		➡内閣人事局の設置（人事院、総務庁等の関連機能を統合）
労働基本権	専門調査会の報告を尊重	（協約締結権拡大について）検討	➡自律的労使関係制度を措置

ただ、二〇〇七年七月以降、衆参ねじれ状態が生まれていたこともあり、そのまますんなり成立とはならず、自民・公明・民主の3党で修正協議がなされました。

その結果、①「政官接触の集中管理」は削除し、「接触した場合の情報開示」のみにする。②「内閣人事庁」は「内閣人事局」にする（「局」のほうが、より小規模な組織単位）。③「総合職の一括採用」は行なわない。④労働基本権は、政府案で「協約締結権について検討」とされていたものを、「自律的労使関係制度を措置する」に（「検討」から一歩前進を意味）、という修正合意で決着し、二〇〇八年六月に基本法は成立しました。

麻生《あそう》内閣での停滞

この基本法では、次のスケジュールが定められました。「内閣人事局」の設置法案＝1年以内。その他の法整備＝3年以内。改革の実施＝5年以内。

この実現に向け、「国家公務員制度改革推進本部」と事務局が二〇〇八年七月に発足しましたが、九月には福田内閣が退陣し、麻生（太郎《たろう》）内閣が発足しました。麻生内閣では、基本法のスケジュールに沿って、「内閣人事局」の設置が課題となりました。

その前に、天下り規制を巡る混乱も生じました。第一次安倍内閣で二〇〇七年に成立した国家公務員法改正にもとづき、二〇〇八年十二月に官民人材交流センターと再就職等監視委員会が設置されました。ところが、再就職等監視委員会の委員は国会同意人事とされていたことから、衆参ねじれ（二〇〇七年七月〜）のもとで合意が得られず、委員不在状態となったのです。予定どおりの規制実施ができず、混乱が続きました。

内閣人事局の設立に向けては、推進本部のもとに「顧問会議」が設置され、議論がなされました。その提言を受け、二〇〇九年二月には「公務員制度改革に係る『工程表』」、三月に「国家公務員法改正案」が閣議決定・提出されました。簡単にまとめておきます。

○幹部人事の一元管理（❷❸❺関連）
・内閣人事局で幹部職員の適格性審査
・任命権者（大臣）が、総理・官房長官と協議して任命
・幹部職員の公募
・幹部候補育成課程
・幹部職員の降任の特例
○内閣人事局の設置（❼関連）
・人事院、総務省の関連機能を統合
○国家戦略スタッフ等（❶関連）
・国家戦略スタッフの設置
・政務スタッフの設置

法案提出に至る過程では、内閣人事局への人事院の機能移管が大きな争点となり、甘利《あまり》

（明《あきら》）行革担当大臣と人事院総裁の対立が表面化しました。人事院の機能を相当程度移管する内容の法案が閣議決定・提出されましたが、同日、人事院総裁から麻生首相に「（この法案の内容では）公務員人事管理の中立・公正性が確保できなくなるとともに、労働基本権制約の代償機能が損なわれる懸念がある」という異例の意見書が提出されました。

結局、法案は成立することなく廃案となり、政権交代選挙へと突入していったのです。

4 民主党政権から、第二次安倍内閣まで（二〇〇九年〜）

鳩山《はとやま》内閣の華々《はなばな》しいスタート

二〇〇九年九月、「脱官僚依存」を掲げ、民主党政権が発足しました。総選挙での「マニフェスト2009」では、以下の事項を公約として掲げていました。

○政府に大臣、副大臣、政務官（以上、政務三役）、大臣補佐官などの国会議員約100人を配置し、政務三役を中心に政治主導で政策を立案、調整、決定する

○事務次官等会議は廃止し、意思決定は政治家が行なう

○総理直属の「国家戦略局」を設置し、官民の優秀な人材を結集して、新時代の国家ビジョンを創り、政治主導で予算の骨格を決定する
○政府と与党を使い分ける二元体制から、内閣の下の政策決定に一元化へ
○幹部人事は、政治主導の下で業績の評価に基づく新たな幹部人事制度を確立する
○天下り、渡りのあっせんを全面的に禁止する

政権発足直後の動きはすばやく、鳩山（由紀夫《ゆきお》）内閣の初閣議（九月十六日）で、公約事項のうち事務次官会議の廃止、政務三役会議の設置、（国家戦略局の正式な設置に先立ち）国家戦略室の設置、政府・与党の二元的意思決定の一元化などが決定されました。

一八八六年以来続いていた伝統ある「事務次官会議（定例で閣議前日に開催され、閣議にかかる案件はすべて事前に了承することになっていました）」の廃止は、霞が関では一大事《いちだいじ》でした。また、政務三役がさっそく自分たちで政策決定を進める様《さま》も、マスコミでしばしば取り上げられました。

続いて、九月二十九日には、天下りあっせんの全面禁止（暫定的に認められていた各省あ

っせんの停止、官民人材交流センターによるあっせんも原則停止)、独立行政法人役員の公募も決定されました。

鳩山内閣の綻《ほころ》び

順調に船出した鳩山内閣ですが、綻びが見え始めたのは二〇〇九年十月、斎藤次郎《さいとうじろう》元大蔵事務次官を日本郵政社長に、坂篤郎《さかあつお》元内閣官房副長官補らを同副社長に起用したあたりからです。当時の論争は省きますが、これでは、「天下りあっせん全面禁止」とはなかなか言えない状態になりました。

また、国家戦略室は十一月時点で11人など、期待された役割に比べ、体制づくりは遅れました。政府・与党一元化に関しても、小沢一郎幹事長のもとでまとめられた党の「重点要望」が政府に提出されるなど、言行不一致《げんこうふいっち》と言わざるをえない事態が生じました。

二〇一〇年二月、鳩山内閣は「国家公務員法改正案」と「政治主導確立法案」を国会提出しました。国家公務員法改正案は、麻生内閣の提出した「内閣人事局」等設置の法案を修正するとともに、天下り規制の改正を加えたものでした。

民主党としては、基本法は、自民党政権下で成立したとはいえ、3党で修正協議して合意していますから、内閣人事局そのものには賛成です。ただ、麻生内閣の法案とは違う形で、出し直しました。

いっぽう、第一次安倍内閣で成立した天下り規制には、制定時にも反対しており、特に「官民人材交流センターのあっせんは認めるべきでない（天下りバンク批判）」との立場でした。法案内容を麻生内閣の法案と比較しつつ整理すると、次のとおりです。

○幹部人事の一元管理（❷❸❺関連）

この部分は、基本的には麻生内閣の法案と同じ。ただし、幹部職員の降任については、次官・局長・部長を同一の段階とみなす（その範囲での異動は可能とする）。

○内閣人事局の設置（❼関連）

麻生内閣の法案が人事院、総務省の関連機能移管としたのに対し、幹部人事の事務などのみ所掌（人事院、総務省の関連機能の統合はしない）。

○国家戦略スタッフ等（❶関連）

別途、政治主導確立法案で国家戦略局として設置。
○再就職規制（❹関連）
官民人材交流センターの名称を改め、業務は組織改廃時に離職を余儀なくされる職員の支援に限定。

また、「政治主導確立法案」の内容は、「国家戦略局の設置」「行政刷新会議の法定化」などを内容とするものでした。
結論としては、どちらの法案も成立せず、廃案・撤回となりました。国家公務員法改正案については、当時、野党の自民党・みんなの党から対案が出され、両案の審議がなされましたが、これも廃案となりました。なお、野党時代の自民党の法案は、麻生内閣の提出した法案よりも、かなり踏み込んだ内容でした（223ページの図表10参照）。

ねじれ国会と改革の停滞

華々しくスタートを切った鳩山内閣は、早くも二〇一〇年六月に菅《かん》（直人《なおと》）内閣に交代します。鳩山政権失速の要因をここで語ることはしませんが、この間、民主党の唱えていた「脱官僚依存」の意味は変質してきたと思われます。

当初は「内閣主導で政策決定（国家戦略局が中心となり、政府・与党一元化など）」という方針を掲げていましたが、その後の運営では「各省それぞれの政務三役が、官僚を政策決定から排除」という方向に力点《りきてん》が移ったように映りました。これは、第四章でお話ししたようなガバナンスの欠如の解消（内閣のメンバーたちが、経営者として機能する）とは、方向性がずれたとも考えられました。こののち、公務員制度改革に関しても、民主党政権では進展がありませんでした。その経緯だけ触れておきます。

労働基本権については、二〇〇九年十二月、推進本部の労使関係制度検討委員会の報告書「自律的労使関係制度の措置に向けて」がまとめられ、自律的労使関係制度について複数のモデルケース（民間の労働法制により近い制度とする、現行公務員制度の基本原則を前提とする、国会の関与をより重視するなど）が示されました。

さらに、菅内閣のもとで二〇一〇年十一月、争議権も含めた労働基本権のあり方を検討すべく、「国家公務員の労働基本権（争議権）に関する懇談会」が設置されました。

懇談会では、組織整備についての議論（必要な人事行政関連機能を集約して使用者機関としての公務員庁を設置、いっぽう、内閣人事局は幹部職員人事の一元管理を所掌など）も行なわれました。そのうえで、「仮に争議権を付与とする場合でも、まずは協約締結を前提とした団体交渉システムないし自律的な労使関係の樹立に全力を注ぎ、労使交渉の実態や課題を見たうえで、争議権を付与する時期を決断することもひとつの選択肢」との「報告書」が二〇一〇年十二月にまとめられました。

菅内閣ではこれを受けて、協約締結権の付与、公務員庁の設置、人事院の廃止などを鳩山内閣の国家公務員法改正案に加え、二〇一一年六月、法案提出がなされました。

しかし、国会は、二〇一〇年七月の参議院選挙で再びねじれ状態になっており、これらの法案は成立しませんでした。労働基本権拡大をセットにしたことで、自民党との調整可能性はさらに遠ざかったのです。

こうして、自民・公明・民主が3党で「1年以内に（二〇〇九年に）」と合意していたはずの「内閣人事局の設立」は、予定より大幅に遅れていきました。

大阪からの挑戦

国の公務員制度改革が停滞するなか、「国ができないなら、大阪から先に」という動きもありました。

二〇一一年末、大阪府・市のダブル選挙後、大阪維新の会の橋下《はしもと》（徹《とおる》）市長と松井《まつい》（一郎《いちろう》）知事が、「職員基本条例」の検討を進め、二〇一二年春に府・市双方で成立させました。筆者は府・市特別顧問として、このプロセスに関与していましたが、同条例のポイントを挙げてみます。

第一に、能力・実績主義の徹底です。人事評価の相対評価化を行なったのです。第四章で国家公務員の評価状況は「甘い」と指摘しましたが（148〜150ページ）、大阪府・市の場合も同様で、C評価（下から2番目）は府が100人に1人・市が同〇人、D評価（一番下）は府が2000人に1人・市が2・5万人に1人などという状況でした。そこで、差をつける評価運用に変えるため、相対評価に切り替え、「S5％、A20％、B60％、C10％、D5％」という数値を条例で定めたのです。

第二に、天下り規制の実施です。国で長く再就職等規制委員会の不在が問題となっていましたが、大阪府・市では人事監察委員会を設けて政治評論家・屋山太郎《ややまたろう》、東京新聞論説副主幹・長谷川幸洋《はせがわゆきひろ》（メンバーおよび肩書きは当初）など強力メンバーをそろえ、個別審査をスタートしました。

第三に、幹部（府の部長級、市の局長級）の公募です。役所内外から手を挙げる方式をスタートし、二〇一四年までに2人の民間人部長（府）、2人の民間人局長（市）が生まれています。

第四に、身分保障にも手をつけました。分限処分を発動するための要件と手続き（2年連続でD評価部門の民営化など）を条例で定めました。

この動きが画期的だったのは、国に先んじて地方から改革を進めてみせたことでしょう。伝統的な発想によれば、公務員制度改革の場合、まず国が先にやり、それをお手本に地方公務員法を改正し、国の示す指針に従って自治体が実施という手順が基本です。これを逆転し、自治体が起点となって、地方公務員法の枠内でぎりぎり可能な改革を先行したわけです。

図表10　内閣人事局が設置されるまで

	麻生内閣の法案➡廃案（2009年）	鳩山・菅内閣の法案➡廃案（2010・11年）	自民党・みんなの党の法案➡廃案（2010年）	第二次安倍内閣の法案➡成立（2013年11月）
内閣人事局	総務省・人事院の関連機能を移管	幹部人事の事務などのみ所掌（人事院、総務省の関連機能の統合はしない）	総務省・人事院・財務省の関連機能を移管	総務省・人事院の関連機能を移管（人事院との協議など、甘利法案から修正点あり）
幹部公務員制度	「特例降任」規定（一定の要件を満たす場合に降格可）	次官・局長・部長を同一の段階とみなす（その範囲での異動は可能とする）	「幹部公務員法案」（幹部は通常の一般職と別制度に）、事務次官廃止	「特例降任」規定（一定の要件を満たす場合に降格可）
国家戦略スタッフ、政務スタッフ	国家戦略スタッフと政務スタッフ（人数は政令で定める）	（別途、「国家戦略局設置」などを含む政治主導確立法案提出）	（政治主導確立法案が別途議論されていたため対象外）	大臣補佐官（各省1人）

5年越しの「内閣人事局」設置

二〇一二年末の総選挙で、政権は再び自民党に戻り、第二次安倍内閣が成立しました。そして、二〇〇七年四月の第一次安倍内閣以来の置き土産とも言える「基本法」が、ようやく動くことになりました。

二〇一三年六月の推進本部決定「今後の公務員制度改革について」で、麻生内閣の国家公務員法改正案を基本として制度設計を行なうことが決定されました。この方針のもと、二〇一三年十月に国家公務員法改正案が閣議決定・提出され、十一月に成立しました。

麻生内閣の法案と比較すると（図表10）、若干の差異はありましたが、基本法成立から6年を経て二〇一四年五月、内閣人事局はようやく設置に至ったのです。

終章　日本の官僚制は変わるか？

人事システムの改革は花開くか？

ここまで、官僚機構にどのような問題があり、「政策の歪み」をどのように引き起こしているのか、そして、歪みの構造を正すために歴代政権がどのように、官僚制改革に取り組んできたのか、をお話しししてきました。

農業、電力、医療、公共事業など、歪みはさまざまな分野にあります。分野ごとの改革はもちろん必要です。しかし、歪みの構造を正さなければ、根治はできません。

もう一度、169ページの図表7を見て、政策の歪みは正せると思われるでしょうか？

政策の歪みに至る矢印は、官僚機構に関わる「行政運営システム」「人事システム」「意識」のあらゆるところから伸びています。どこか一カ所を断《た》ち切っても、別のところから歪みがもたらされます。

また、この図で描く官僚機構内のシステムには、いわば「自己再生機能」が内在されています。どこかが部分的に損傷しても、残されたほかの器官が働き、損傷を修復していくのです。一例を挙げれば、小泉内閣で一度は内閣主導・首相主導がかなり実現され、「官僚内閣制」は解消に向かうかに見えました。しかし、小泉首相が去ってしばらく経つと、温存されていた各省の人事システムが、再び「縦割り醸成」ポンプとして作動し、官僚内閣制が息を吹き返しました。

「人材の劣化と死蔵」の問題も、一九九〇年代半ばとは別次元で、深刻化してきています。そして、官僚機構の問題構造を中核としつつ、鉄のトライアングル＋1（政治家、役所、既得権者＋マスコミ。49ページの図表2）が形成されているわけです。

改めて眺《なが》めるに、問題解決はけっして容易ではありません。しかし、筆者は悲観的でもありません。というのは、ここ数年の改革進展（第一次安倍内閣、福田内閣、第二次安倍内閣）で、橋本行革以来、積み残されていた人事システムの課題について、（不十分な部分が一部あるにせよ）制度的な手当てはほぼなされつつあるからです。

第五章でお話ししたように、かつての橋本行革での内閣機能強化の成果はその後、小泉首相という卓越した制度運用者が現われて、一気に花開きました。

この時と同じように、ここ数年でなされた制度改革（内閣人事局の設置、人事評価制度にもとづく能力・実績主義の徹底、キャリア・システム廃止と新たな幹部候補育成制度、大臣補佐官制度など）は、運用次第では、絶大な効果をもたらす可能性を秘めています。反面で、運用次第では、（かつて、戦後の国家公務員法が高等官と判任官の差別を変えられなかったように）何も変えられない危険性もはらんでいます。

どちらの道を進むのか、ここ1～2年が分岐点になるでしょう。もちろん、筆者としては前者になることを願ってやみません。その際、のちの政権で、改革が後戻りしないように、楔《くさび》を打ち込むことも欠かせません。たとえば、第四章でお話しした「特殊性幻想（官僚は特殊だという意識）」を変革することは、有効な方策になるでしょう。

いったん意識が変わり始めれば、なかなか後戻りはできません。意識の変革には、これと密接に結びつく「人事の閉鎖性（官民の壁）」への対処、とりわけ外部人材の積極的起用などが重要です。同じく特殊性幻想との関連の強い「身分保障」制度（という幻影）にも、一定の対処をすべきでしょう。

政府の問題認識と取り組み方向を明確に示すことも必要です。無用な官僚バッシングに走るのではなく、正しい方向性を国民と共有することが、後戻りの防止につながるはずです。

選挙制度が変わらないのは、政党不信と愚民《ぐみん》観

本書の主テーマではありませんが、官僚機構以外の課題にも触れておきましょう。

鉄のトライアングル＋１に目を向ければ、有権者が政治家を選ぶ「選挙」の問題は限りなく重大です。「特定利益（既得権者）vs.社会全体の利益（一般国民）」は、有権者レベルで見れば、後者が圧倒的に優位ですが、議会構成ではなぜか、小さなはずの特定利益を代弁する議員がしばしば多数を占めます。大きな要因は選挙制度、つまり、特定の人たち（集票力のある団体など）に支えられた候補者が当選しやすい制度です。

「選挙制度改革（政治改革）」は一九九〇年代に大きなテーマとなり、「小選挙区制導入」という一大転換が実現されました。しかし、課題はまだ多く残されています。すこし長くなりますが、21世紀臨調が二〇一〇年に発表した「政権選択時代の政治改革課題に関する提言」の問題意識を引用します。

「現在の公職選挙法は、戦前の非議院内閣制時代の選挙制度の枠組みをそのまま継承しており、……その後の変遷の積み重ねによって形成されてきた。

公職選挙法が定める選挙運動規制の中には、戦前の普通選挙導入時にまで遡《さかのぼ》れるものが多く、その規制原理は内務省主導による腐敗《ふはい》抑制であり、その底流には政党や有権者に対する不信、愚民観があった。

また、戦後も政党による運動自粛協定及び組織政党の運動抑制に加え、各時代の要請に応じて規制の建て増しを続けた結果、日本の公職選挙法は世界に類《るい》のない『べからず法』となり、……国民はおろか、政治家でさえ容易に理解できない法体系になっている。

……国民が政党・候補者に関する情報をもっとも必要とする選挙直前の時期に、政党・候補者と国民との間のコミュニケーションを必要以上に制限している現在のあり方は、民主主義にとってきわめて不健全であると言わねばならない。われわれはこのような基本認識を踏まえ、……現行公職選挙法のゼロベースからの見直しを求めるものである」

この提言ののち、インターネット利用の解禁など、部分的な前進はありました。しかし、ここで指摘される「政党不信と愚民観」にもとづく公職選挙法の諸規制（戸別訪問《こべつほうもん》禁止、文書図画規制、公開討論会規制など）は、いまだに残されています。これらが、有権者が政策本位で候補者を選択する機会を奪っているのです。

「第二霞が関」構想

鉄のトライアングル＋1を打ち破るための課題はまだまだあります。霞が関への対抗軸を作る観点で「地方分権」は重要です。

国から与えられる分権を待つのでなく、第五章でお話しした大阪の例のように、自治体から国に政策プランを突きつける動きがもっと起きてよいと思います。そのためには、自治体の行政も議会も、もっと政策能力を高めていくことが求められます。

地方議員の質は、〝号泣《ごうきゅう》議員（野々村竜太郎《ののむらりゅうたろう》元兵庫県議）〟の登場でおおいに話題になりました。しかし、彼を笑っているだけでは問題解決できません。より質の高い議員を集めるひとつの方策は、欧米でよく見られるように、地方議会は夜間・土日開催とすることです。ふつうのビジネスパーソンや経営者たちが仕事を持ったまま議員になれるようになれば、より幅広い人材を集められます。

そうした議論は古くからあり、二〇〇五年には政府の有識者会議（地方制度調査会）から総理に対し、以下の提案もなされました。

「住民を代表する議会の議員に幅広い人材を確保できるように、女性や勤労者が議員として活動する上での便宜に資《し》するよう休日、夜間等に議会を開催するなどの運用上の工夫をすべきである。

また、制度面では、勤労者が議員に立候補でき、また、議員として活動することができるような環境の整備、さらには地方公共団体の議会の議員と当該団体以外の地方公共団体の職員との兼職を可能とすることも検討すべき課題である」

この提案から10年ほど経ちましたが、これも「岩盤」のひとつで、なかなか動いていないのです。

鉄のトライアングル＋1を正面から打ち破る正面突破と並行して、とりあえずは「迂《う》回《かい》」する戦術も必要です。こうしたしかけのひとつが、筆者も立案・運営に関わってきた「国家戦略特区」です。

　簡単に言えば、改革にチャレンジする決意と知恵のある自治体の首長と、官邸・担当大臣が直結し、地域限定とすることでトライアングルは迂回しつつ、改革の実験を進める制度です。東京圏や関西圏などのほか、兵庫県養父《やぶ》市や福岡県福岡市などのエリアでも、いずれ日本を大きく動かすようなチャレンジが始まっています。

　トライアングルの正面突破や迂回は、政府に任せておけばよいわけではありません。外側からできることもたくさんあります。こうしたしかけのひとつが、手前味噌《てまえみそ》ですが、筆者が二〇〇九年に設立した株式会社政策工房です。

　目指しているのは「第二霞が関」です。霞が関が政策づくりを独占する状態こそが問題の根源であり、競争相手が機能すれば、構図は大きく変わるはずです。まだ目標まで道半ばですが、共同設立者・髙橋洋一《たかはしよういち》（財務省出身）と筆者を含め、政策立案経験者を計10人集め、その下にスタッフを5～10人置くことができれば、政府のすべての重要政策の対案を作ることは不可能でないと思っています。

　さらに、二〇一四年にはＮＰＯ法人万年野党（会長・田原総一朗《たはらそういちろう》、理事長・宮内義彦《みやうちよしひこ》）の設立にも関わりました。こちらは、現実の野党がなかなか機能しないなら、「理想の野党」

を国会外に作ってしまおうという取り組みです。広く一般会員（年会費５０００円）を募集しつつ、実際の国会では少数派の「一般国民の代弁者」として活動を始めつつあります。

本書をお読みいただいた皆様に、ともに「政策の歪み」を正す取り組みに参加いただけるとしたら、著者としてこれほど嬉しいことはありません。

てきた主要課題について、各国ではどのような制度がとられているのか」という切り口で整理してみます。

ドイツ	フランス	日本
●原則は「職業公務員」。成績主義で任用 ●ただし、局長以上(約400人)は「政治的官吏」。理由の明示なく恩給付退職に付すこと可	●「高級職(本省局長など約600人)」と「大臣キャビネのスタッフ(約700人)」は、政治任用 ●前者のほぼすべて、後者の7～8割は職業公務員(多くは国立行政学院＝ＥＮＡ出身者)が派遣形態で就任 ●それ以外は成績主義で任用	●基本的に「職業公務員」。成績主義で任用 ●改革の議論では「国家戦略スタッフ」などが争点になり、「大臣補佐官」の制度化へ
●省庁別人事管理。部内昇進原則 ●近年、官民交流促進などの動きも	●職員群(コール)別人事管理。政治任用では他省に異動	●従来は、省庁別人事管理 ●改革の議論ではその弊害が争点となり、内閣人事局での幹部人事一元化
●「高級職ラウフバーン試験」(３年以上の見習い期間を経て課長補佐級、その後は競争)	●「ＥＮＡ試験」(学生として研修、卒業時に課長補佐級で配属)	●固定的な「キャリア・システム＋年功序列」 ●改革の議論を経て、キャリア・システムの廃止、幹部候補育成課程の導入
●天下り慣行はない	●ＥＮＡ出身者は長期間、官・民・政治のポストに従事	●伝統的に天下り慣行 ●改革の議論を経て、天下り規制の導入

(人事院ホームページ、村松岐夫著『公務員制度改革』を参考に筆者作成)

付表1　世界各国の官僚制

世界各国の官僚制は、それぞれの歴史的背景のなかでさまざまに形成されています。ここでは、「わが国の官僚制改革で議論され

	アメリカ	イギリス
政と官の関係	●各省の局長以上など約4000人は政治任用 ●それ以外は「職業公務員」。成績主義で任用	●原則は「職業公務員」。成績主義で任用 ●「特別顧問（首相官邸に20名、各大臣に2名）」は政治任用 ●職業公務員の政治的中立性が伝統的に重んじられる
人事の閉鎖性	●政治任用者は、大統領主導で任用 ●職業公務員は、原則、省内外公募（内部昇進も多い）	職業公務員のうち、 ●上級公務員は、省内外公募。次官は首相任命 ●一般職員は、省別人事管理、公募
幹部登用	●「大統領研修員計画」（2年間の実務研修後に課長補佐級、その後は競争）	●「ファーストストリーム採用試験」（4、5年で課長補佐級に昇進、その後は競争）
天下り	●天下り慣行はない	●天下り慣行はない

○：各種会議の提言・意見書、政府方針の決定
●：法令の制定
◇：各種会議の提言・意見書、政府方針の決定で取り上げられた事項
◆：法令の制定(具体的措置)
▲：法令の制定(プログラム規定)
△：法案提出したが成立せず
☆：運用段階での実施

❸能力・実績主義の徹底(キャリア・システム改革を含む)	❹天下りへの対処	❺人材の多様化(複線型人事を含む)	❻その他(労働基本権の見直し、公務員倫理など)	❼人事行政体制の見直し
◇実績評定と能力評定の実施、評定結果の給与との結びつけ	◇内閣による退職後のあっせん事務の一元化 ◇退職年齢の漸進的引き上げ ◇定年制実施、退職手当・退職年金の整備	◇専門職制度の確立	◇原則として団体交渉権を認め、争議権は適切な規制のもとで ◇服務上遵守すべき具体的事項(関係業者との交際等)の成文化	◇人事行政に関する内閣機能の確立(総務庁人事局の新設)
			◆ＩＬＯ条約批准を受け、職員団体の規定整備	◆総理府人事局の新設
	◆定年制(60歳)の導入			
◇給与につき成績主義の推進 ◇新たな職務分類制度			◇公務員倫理の確立 ◇給与の官民比較方法等の見直し	◇総合管理庁の設置(総理府人事局、行政管理庁等を統合)

付表2　官僚制改革の経過

	主な動き	❶内閣主導・政治主導の確立	❷人事の一元化
池田(勇人)内閣 1960.7〜1964.11	○「第一次臨時行政調査会」答申(1964.9)	◇内閣府、内閣補佐官の設置 ◇中央省庁でのトップマネージメント体制強化 ◇政府委員制の廃止	◇内閣による採用、人事交流、合同研修の統一的管理、配置転換の一元化 ◇内閣による退職後のあっせん事務の一元化
佐藤(栄作)内閣 1964.11〜1972.7	●「国家公務員法改正」(1965)		
⋮			
鈴木(善幸)内閣 1980.7〜1982.11	●「国家公務員法改正」(1981)		
中曽根(康弘)内閣 1982.11〜1987.11	○「第二次臨時行政調査会」第三次答申(1982.7)	◇内閣機能の強化(補佐・助言体制強化、無任所大臣制など) ◇総合管理庁の設置(総理府人事局、行政管理庁等を統合)	◇人事局でセクショナリズム打破のための総合調整機能発揮(人事交流推進、省庁間配置転換推進など)

❸能力・実績主義の徹底(キャリア・システム改革を含む)	❹天下りへの対処	❺人材の多様化(複線型人事を含む)	❻その他(労働基本権の見直し、公務員倫理など)	❼人事行政体制の見直し
◇上級甲種採用以外の一般職員から、幹部登用 ◇上級甲種試験の内容・区分を改善 ◇能力主義推進		◇社会経験(民間、学界等)を有する適任者からの採用を積極化 ◇専門職制の明確化		
☆採用試験再編(上・中・初級→Ⅰ・Ⅱ・Ⅲ種)(1985)				◆総理府人事局→総務庁人事局へ(1984)
	◇退職後の人材活用システム＝人材バンク	◇外部人材登用拡大、任期付任用制度		◇人事管理の各省分権化と総合性確保
◇人事評価システムと能力・実績主義の確立 ◇Ⅰ種の厳格な選抜、Ⅱ・Ⅲ種からの登用 ◇事務系・技術系の人事統合	◇定年年齢見直し、定年まで勤務できる制度整備 ◇政府全体での公正・透明な再就職管理(人材バンク)	◇外部人材登用拡大、任期付任用制度 ◇複線的人事制度の確立(スタッフ職)	◇労働基本権のあり方を幅広く検討	◇人事院と総理大臣(内閣官房、総務省)の機能分担見直し ◇任命権者による人事の弾力化
▲引き続き検討	▲引き続き検討	▲引き続き検討		▲人事院と総理大臣の機能分担見直し

付表2　官僚制改革の経過

	主な動き	❶内閣主導・政治主導の確立	❷人事の一元化
	○「第二次臨時行政調査会」最終答申(1983.3)		
		◆内閣内政審議室・外政審議室など5室体制(1986)	
…			
橋本(龍太郎)内閣 1996.1〜1998.7		◆総理補佐官の設置(1996.6内閣法改正)	
	○「公務員制度調査会」意見(1997.11)		◇人材の一括管理(人事交流の推進、退職後の人材活用システム＝人材バンクなど。一括採用は引き続き検討)
	○「行政改革会議」最終報告(1997.12)	◇内閣機能の強化(総理大臣の発議権、内閣官房強化、内閣府設置、局長以上幹部人事の内閣承認)	◇人材の一括管理(人事交流の推進、退職後の人材活用システムなど。一括採用は引き続き検討)
	●「中央省庁等改革基本法」(1998.6)	▲内閣機能の強化(総理大臣の発議権、内閣官房強化、内閣府設置、局長以上幹部人事の内閣承認)	▲引き続き検討

❸能力・実績主義の徹底(キャリア・システム改革を含む)	❹天下りへの対処	❺人材の多様化(複線型人事を含む)	❻その他(労働基本権の見直し、公務員倫理など)	❼人事行政体制の見直し
◇人事評価システム整備、能力・実績に応じた昇進・給与 ◇年次にとらわれない昇進管理、II・III種からの登用 ◇技官のキャリアパス柔軟化 ◇内閣総理大臣による幹部要員の計画的育成	◇在職期間の長期化、定年延長の検討 ◇人材バンクの整備 ◇再就職後の行為規制 ◇複線型人事管理(スタッフ職整備)	◇任期付任用制度、官民人事交流 ◇複線型人事管理(スタッフ職整備)		◇各任命権者への権限委任、人事管理上の規制緩和 ◇指定職号俸の決定等について規制緩和の要請
	☆人材バンクの設置(2000.4)	◆「官民交流法」制定(1999.12)	◆「国家公務員倫理法」制定(1999.8)	
		◆「任期付採用法」制定(2000.11)		
◇信賞必罰の人事制度、人事評価システムの整備	◇再就職の大臣承認 ◇再就職後の行為規制 ◇役員出向制度 ◇早期退職勧奨の是正	◇官民の人材交流		◇各省大臣が組織・人事制度を設計・運営するシステムへ

付表2　官僚制改革の経過

	主な動き	❶内閣主導・政治主導の確立	❷人事の一元化
小渕(恵三)内閣 1998.7～2000.4	○「公務員制度調査会」答申 (1999.3)		◇省庁間の人事交流を推進 ◇内閣総理大臣による幹部要員の計画的育成
	○「中央省庁等改革の推進に関する方針」推進本部決定 (1999.4)		
	●「中央省庁等改革関連法」 (1999.7)	◆内閣機能強化 (総理大臣の発議権、内閣官房強化、内閣府設置)	
	●「国会審議活性化法」 (1999.7)	◆副大臣・政務官の設置、政府委員の廃止	
森(喜朗)内閣 2000.4～2001.4		☆局長以上幹部人事の内閣承認を制度化 (2000.12閣議決定)	
	○「行政改革大綱」閣議決定 (2000.12)	◇大臣スタッフの充実	◇官官の人材交流

❸能力・実績主義の徹底(キャリア・システム改革を含む)	❹天下りへの対処	❺人材の多様化(複線型人事を含む)	❻その他(労働基本権の見直し、公務員倫理など)	❼人事行政体制の見直し
◇能力評価と業績評価からなる新評価制度の導入 ◇能力本位の人事配置、能力・職責・業績を反映した給与制度 ◇幹部候補職員を計画的に育成するしくみの導入 ◇上級幹部職員にふさわしい新人事制度の確立	◇営利企業への再就職に係る大臣承認 ◇再就職後の行為規制 ◇特殊法人等への再就職につきルール設定、役員出向	◇民間からの人材の確保、公募制活用	◇労働基本権は現行の制約を維持する	◇各大臣の主体的な責任と権限の明確化 ◇内閣の人事行政の企画立案機能、総合調整機能の強化
	☆平均勧奨退職年齢の３歳以上引き上げ ◆役員出向の制度化(退職手当法改正、2003)			

付表2　官僚制改革の経過

	主な動き	❶内閣主導・政治主導の確立	❷人事の一元化
小泉(純一郎)内閣 2001.4～2006.9		☆運用上の内閣主導の確立	
	○「公務員制度改革大綱」閣議決定(2001.12)	◇国家戦略スタッフの導入 ◇大臣スタッフの充実	
	○自民党・国家戦略本部提言「政治システム最終提言(国家ビジョン策定委員会)」(2002)	◇政府・与党の政策決定の一元化(事前承認制の廃止) ◇事務次官会議の廃止 ◇内閣の政治主導を確保するため、国家戦略会議の創設 ◇政策官(日本版ポリシーユニット)の創設	
	○「早期退職慣行の是正について」閣僚懇談会申合せ(2002.12)		

❸能力・実績主義の徹底(キャリア・システム改革を含む)	❹天下りへの対処	❺人材の多様化(複線型人事を含む)	❻その他(労働基本権の見直し、公務員倫理など)	❼人事行政体制の見直し
検討、現行制度の枠内でも実施可能なものについては早期に実行				
◇人事評価の試行	◇スタッフ職の整備			
◇能力・実績主義の徹底は、できる限り早期に具体化 ◇キャリア・システムは幅広く検討 ◇当面、人事評価を試行 ◇給与構造改革の推進(年功的上昇の抑制など)	◇再就職管理適正化は、できる限り早期に具体化		◇労働基本権と人事院制度は幅広く検討 ◇給与構造改革の推進(官民比較方法の見直し、年功的上昇の抑制など)	◇労働基本権と人事院制度は幅広く検討
▲能力・実績主義の徹底は、できるだけ早期に具体化 ▲幹部職員の選抜および育成にかかわる制度は、幅広く検討 ▲給与構造改革の推進	▲退職管理適正化は、できるだけ早期に具体化		▲労働基本権と人事院制度は幅広く検討 ▲給与構造改革の推進	▲労働基本権と人事院制度は幅広く検討
☆人事評価の試行実施(2006〜)				

付表2　官僚制改革の経過

	主な動き	❶内閣主導・政治主導の確立	❷人事の一元化
	○「今後の行政改革の方針」閣議決定(2004.12)	◇改めて改革関連法案の提出を	
	○「行政改革の重要方針」閣議決定(2005.12)		
	●「簡素で効率的な政府を実現するための行政改革の推進に関する法律」(2006.6)		

❸能力・実績主義の徹底(キャリア・システム改革を含む)	❹天下りへの対処	❺人材の多様化(複線型人事を含む)	❻その他(労働基本権の見直し、公務員倫理など)	❼人事行政体制の見直し
	◇現在の再就職ルール(営利企業への再就職規制)は廃止 ◇関係企業への打診・依頼等の禁止(＝求職活動規制) ◇再就職後の不正な働きかけの禁止(＝働きかけ規制) ◇複線的人事管理	◇官民間の人材交流の拡大		
◇年功序列システムを壊し、能力・実績主義を重視	◇各省による再就職あっせん禁止(＝再就職あっせん規制) ◇政府全体で一元化された窓口に移行 ◇スタッフ俸給表の創設		◇労働基本権を付与する方向で真剣に検討	

付表2　官僚制改革の経過

	主な動き	❶内閣主導・政治主導の確立	❷人事の一元化
	○中馬プラン「新たな公務員人事の方向性について」(2006.9)		
第一次安倍(晋三)内閣 2006.9～2007.9	○経済財政諮問会議民間議員ペーパー(2006.12)		

❸能力・実績主義の徹底(キャリア・システム改革を含む)	❹天下りへの対処	❺人材の多様化(複線型人事を含む)	❻その他(労働基本権の見直し、公務員倫理など)	❼人事行政体制の見直し
◇人事評価制度の確立 ◇能力本位の任用制度 ◇年次・試験種類にとらわれた人事の禁止	◇再就職あっせん規制、官民人材交流センター(新・人材バンク)に一元化(施行から3年以内) ◇求職活動規制 ◇働きかけ規制 ◇現行の事前承認制度は一元化の時点で廃止 ◇再就職等監視委員会を設置			
	◇専門スタッフ職、定年延長などを引き続き検討	◇公募制、官民交流の抜本的拡大などを引き続き検討	◇労働基本権は、行革推進本部専門調査会の審議を踏まえ、引き続き検討	
度の総合的な改革を推進するための基本法を立案				
◇人事評価制度の確立 ◇能力本位の任用制度 ◇年次・試験種類にとらわれた人事の禁止	◇再就職あっせん規制、官民人材交流センターに一元化 ◇求職活動規制 ◇働きかけ規制 ◇現行の事前承認制度は一元化の時点で廃止 ◇再就職等監視委員会			
			◇協約締結権を新たに付与するとともに第三者機関の勧告制度を廃止	◇協約締結権を新たに付与するとともに第三者機関の勧告制度を廃止

付表2　官僚制改革の経過

	主な動き	❶内閣主導・政治主導の確立	❷人事の一元化
	○「公務員制度改革について」閣議決定(2007.4)		
		◇さらに検討のうえ、公務員制	
	●「国家公務員法改正」(2007.7)		
福田(康夫)内閣 2007.9～2008.9	○「公務員制度改革推進本部専門調査会」報告(2007.10)		

❸能力・実績主義の徹底(キャリア・システム改革を含む)	❹天下りへの対処	❺人材の多様化(複線型人事を含む)	❻その他(労働基本権の見直し、公務員倫理など)	❼人事行政体制の見直し
◇キャリアシステムの廃止 ◇Ⅰ種・Ⅱ種・Ⅲ種試験から総合職・一般職・専門職 ◇中途採用試験の導入 ◇総合職は内閣一括採用 ◇幹部候補育成課程の導入	◇定年まで勤められる環境整備	◇管理職以上の公募拡大 ◇中途採用試験の導入	◇労働基本権付与は、専門調査会の報告を尊重	◇内閣人事庁の設置(人事院、総務省等の関連機能を統合)
庁設立の法案提出 会に提出し、5年以内に改革を実施				
▲採用試験の見直し(総合職・一般職・専門職) ▲中途採用試験の導入 ▲幹部候補育成課程の整備	▲定年まで勤められる環境整備 ▲定年の段階的引き上げ	▲管理職以上の公募を拡大 ▲中途採用試験の導入	▲自律的労使関係制度を措置	▲内閣人事局の設置(人事院、総務省等の関連機能を統合)
以内目途 以内目途 年以内目途				
	☆2008年度から専門スタッフ職スタート			
体的方向性を提示				
	☆官民人材交流センターの発足(2008.12) ☆再就職等監視委員会の設置(2008.12、ただし委員不在～2012.3)			

付表2　官僚制改革の経過

	主な動き	❶内閣主導・政治主導の確立	❷人事の一元化
	○「公務員制度の総合的な改革に関する懇談会」報告(2008.2)	◇国家戦略スタッフ ◇大臣を補佐する政務スタッフ ◇政官接触の集中管理(政務専門官設置など)	◇幹部人事の内閣一元化(内閣人事庁による適格性審査) ◇幹部候補育成課程の導入 ◇総合職は内閣一括採用 ◇内閣人事庁の設置
		◇2009年の通常国会に、内閣人事 ◇必要な法案は、2011年の通常国	
	●「国家公務員制度改革基本法」(2008.6)	▲総理大臣を補佐する国家戦略スタッフ ▲大臣を補佐する政務スタッフ ▲政官接触の透明化	▲幹部人事の内閣一元化(幹部の適格性審査　幹部候補育成課程、新たな幹部人事制度など) ▲内閣人事局の設置
		▲内閣人事局の設置法案は、1年 ▲その他の法制上の措置は、3年 ▲改革のために必要な措置は、5	
麻生(太郎)内閣 2008.9〜2009.9	○国家公務員制度改革推進本部「顧問会議」報告(2008.11)	◇基本法にもとづき、各項目の具	

❸能力・実績主義の徹底(キャリア・システム改革を含む)	❹天下りへの対処	❺人材の多様化(複線型人事を含む)	❻その他(労働基本権の見直し、公務員倫理など)	❼人事行政体制の見直し
◇幹部候補育成課程		◇幹部職員の公募		◇内閣人事局の設置(人事院、総務省の関連機能を統合)
△幹部候補育成課程		△幹部職員の公募		△内閣人事局の設置(人事院、総務省の関連機能を統合)
	◇天下り・渡りあっせんを全面的に禁止			

付表2　官僚制改革の経過

	主な動き	❶内閣主導・政治主導の確立	❷人事の一元化
	○「公務員制度改革に係る『工程表』」推進本部決定(2009.2)	◇国家戦略スタッフの設置 ◇政務スタッフの設置	◇内閣人事局の設置 ◇幹部職員の適格性審査 ◇任命権者(大臣)が、総理・官房長官と協議して任命 ◇幹部職員の降任の特例 ◇幹部職員の公募 ◇幹部候補育成課程
		◇その他、引き続き推進	
	●「国家公務員法改正案」(2009.3提出)→廃案	△国家戦略スタッフ △政務スタッフ	△幹部職員の適格性審査 △任命権者(大臣)が、総理・官房長官と協議して任命 △幹部職員の降任の特例 △幹部職員の公募 △幹部候補育成課程
鳩山(由紀夫)内閣 2009.9～2010.6	○民主党「マニフェスト2000」(2009.7)	◇国家戦略局の設置 ◇事務次官会議の廃止 ◇政府に国会議員100人を配置、政務三役中心 ◇政府・与党の一元化	◇政治主導のもとで、新たな幹部人事制度を確立

❸能力・実績主義の徹底(キャリア・システム改革を含む)	❹天下りへの対処	❺人材の多様化(複線型人事を含む)	❻その他(労働基本権の見直し、公務員倫理など)	❼人事行政体制の見直し
	☆天下りあっせんを全面停止(2009.9総理発言) ☆独法役員は公募(2009.9閣議決定)			
☆2009年度から能力・実績主義の人事管理を施行				
			◇複数のモデルケースを提示	
△幹部候補育成課程	△官民人材交流センターの名称を改め、業務は組織改廃時に離職を余儀なくされる職員の支援に限定	△幹部職員の公募		△内閣人事局の設置(人事院、総務省の関連機能の統合はしない)
			◇まずは、協約締結を前提とした団体交渉システムないし、自律的な労使関係の樹立に全力	

付表2　官僚制改革の経過

	主な動き	❶内閣主導・政治主導の確立	❷人事の一元化
	○閣議決定「基本方針」(2009. 9)など	☆国家戦略室の設置(2009. 9総理大臣決定) ☆事務次官会議の廃止 ☆政務三役会議の設置 ☆政府・与党の一元化	
	○国家公務員制度改革推進本部「労使関係制度検討委員会」報告(2009. 12)		
	○「国家公務員法改正案」(2010. 2提出)→廃案		△幹部職員の適格性審査 △任命権者(大臣)が、総理・官房長官と協議して任命 △次官・局長・部長を同一の段階とみなす △幹部職員の公募 △幹部候補育成課程
	○「政治主導確立法案」(2010. 2提出)→撤回	△国家戦略局の設置	
菅(直人)内閣 2010.6～2011.9	○「国家公務員の労働基本権(争議権)に関する懇談会」報告(2010. 12)		
	○「国家公務員制度改革基本法等に基づく改革の『全体像』について」(2011. 4)	◇全般的な推進方針の提示	

❸能力・実績主義の徹底（キャリア・システム改革を含む）	❹天下りへの対処	❺人材の多様化（複線型人事を含む）	❻その他（労働基本権の見直し、公務員倫理など）	❼人事行政体制の見直し
△幹部候補育成課程	△官民人材交流センターの名称を改め、業務は組織改廃時に離職を余儀なくされる職員の支援に限定	△幹部職員の公募	△協約締結権の付与	△内閣人事局の設置（人事院、総務省の関連機能の統合はしない） △公務員庁の設置（人事関連機能を集約）
☆2012年度から新採用試験を実施				
			◇雇用と年金の接続	
			◆雇用と年金の接続	
案を基本として、制度設計				
◆幹部候補育成課程		◆幹部職員の公募		◆内閣人事局の設置（人事院、総務省の関連機能を統合）
				☆内閣人事局がスタート（2014.5）

付表2　官僚制改革の経過

	主な動き	❶内閣主導・政治主導の確立	❷人事の一元化
	○「国家公務員制度改革関連4法案」(2011.6提出)→廃案		△幹部職員の適格性審査 △任命権者(大臣)が、総理・官房長官と協議して任命 △次官・局長・部長を同一の段階とみなす △幹部職員の公募 △幹部候補育成課程
野田(佳彦)内閣 2011.9〜2012.12			
	○「雇用と年金の接続に関する基本方針」推進本部決定(2012.3)		
第二次安倍内閣 2012.12〜	●「国家公務員の雇用と年金の接続について」閣議決定(2013.3)		
	○「今後の公務員制度改革について」推進本部決定(2013.6)	◇麻生内閣の国家公務員法改正	
	●「国家公務員法改正」(2013.11成立)	◆大臣補佐官	◆内閣人事局の設置 ◆幹部職員の適格性審査 ◆任命権者(大臣)が、総理・官房長官と協議して任命 ◆幹部職員の降任の特例 ◆幹部職員の公募 ◆幹部候補育成課程

参考文献

本文中でも随所《ずいしょ》で参考文献を挙げ、このほかにも数多くの文献を参考にさせていただきました。以下では、そのすべてを列挙することはせず、「この部分についてもっと知りたい」という関心を持たれた読者のため、おすすめする書籍を挙げておきます。

○官僚制、官僚全般
西尾勝著『行政学（新版）』有斐閣　二〇〇一年
大森彌著『官のシステム（行政学叢書4）』東京大学出版会　二〇〇六年
真渕勝著『官僚（社会科学の理論とモデル8）』東京大学出版会　二〇一〇年

○官僚制の沿革
辻清明著『日本官僚制の研究（新版）』東京大学出版会　一九六九年
岡田彰著『現代日本官僚制の成立――戦後占領期における行政制度の再編成』法政大学出版局　一九九四年

参考文献

マックス・ウェーバー著（濱嶋朗訳）『権力と支配』講談社学術文庫　二〇一二年
清水唯一朗著『近代日本の官僚――維新官僚から学歴エリートへ』中公新書　二〇一三年

○官僚の実態、諸問題
村松岐夫著『日本の行政――活動型官僚制の変貌』中公新書　一九九四年
松下圭一著『政治・行政の考え方』岩波新書　一九九八年
西川伸一著『官僚技官――霞が関の隠れたパワー』五月書房　二〇〇二年
飯尾潤著『日本の統治構造――官僚内閣制から議院内閣制へ』中公新書　二〇〇七年
黒川和美著『官僚行動の公共選択分析』勁草書房　二〇一三年

○官僚制改革の経過、各国比較
臨調・行革審ＯＢ会監修『臨調行革審――行政改革２０００日の記録』行政管理研究センター　一九八七年
村松岐夫編著『公務員制度改革――米・英・独・仏の動向を踏まえて』学陽書房　二〇〇八年
村松岐夫編著『最新公務員制度改革』学陽書房　二〇一二年

○政策の歪み

佐々木毅編『現代政治学の名著』中公新書　一九八九年
加藤寛編『入門公共選択——政治の経済学』勁草書房　二〇〇五年
八田達夫著『ミクロ経済学 Expressway』東洋経済新報社　二〇一三年
R・グレン・ハバード、アンソニー・パトリック・オブライエン著（竹中平蔵、真鍋雅史訳）『ハバード経済学Ⅱ　基礎ミクロ編』日本経済新聞出版社　二〇一四年
フランシス・フクヤマ著『Political Order and Political Decay』Farrar, Straus & Giroux　二〇一四年

切りとり線

★読者のみなさまにお願い

この本をお読みになって、どんな感想をお持ちでしょうか。祥伝社のホームページから書評をお送りいただけたら、ありがたく存じます。今後の企画の参考にさせていただきます。また、次ページの原稿用紙を切り取り、左記まで郵送していただいても結構です。

お寄せいただいた書評は、ご了解のうえ新聞・雑誌などを通じて紹介させていただくこともあります。採用の場合は、特製図書カードを差しあげます。

なお、ご記入いただいたお名前、ご住所、ご連絡先等は、書評紹介の事前了解、謝礼のお届け以外の目的で利用することはありません。また、それらの情報を6カ月を越えて保管することもありません。

〒101-8701（お手紙は郵便番号だけで届きます）
祥伝社新書編集部
電話03（3265）2310
祥伝社ホームページ　http://www.shodensha.co.jp/bookreview/

★本書の購買動機（新聞名か雑誌名、あるいは○をつけてください）

＿＿＿＿新聞の広告を見て	＿＿＿＿誌の広告を見て	＿＿＿＿新聞の書評を見て	＿＿＿＿誌の書評を見て	書店で見かけて	知人のすすめで

★100字書評……国家と官僚

名前

住所

年齢

職業

原 英史　はら・えいじ

政策工房代表取締役社長、NPO 法人万年野党理事。1966年、東京都生まれ。東京大学法学部卒業、シカゴ大学大学院修了。1989年、通商産業省(現·経済産業省)入省。中小企業庁制度審議室長、行政改革・規制改革担当大臣補佐官、国家公務員制度改革推進本部事務局などを経て、2009年に退職、政策工房を設立。2011年、大阪府・市特別顧問、2013年、国家戦略特区ワーキンググループ委員に就任。著書に『官僚のレトリック』『「規制」を変えれば電気も足りる』『日本人を縛りつける役人の掟』など。

国家《こつか》と官僚《かんりよう》

——こうして、国民《こくみん》は「無視《スルー》」される

原《はら》 英史《えいじ》

2015年 4 月10日　初版第 1 刷発行

発行者……………竹内和芳
発行所……………祥伝社しょうでんしゃ
〒101-8701　東京都千代田区神田神保町3-3
電話　03(3265)2081(販売部)
電話　03(3265)2310(編集部)
電話　03(3265)3622(業務部)
ホームページ　http://www.shodensha.co.jp/

装丁者……………盛川和洋
印刷所……………萩原印刷
製本所……………ナショナル製本

Printed in Japan　ISBN978-4-396-11410-7　C0231

〈祥伝社新書〉
経済を知る

402
大学生に語る資本主義の200年
マルクス思想の専門家が「資本主義の正体」をさまざまな視点から解き明かす
神奈川大学教授
的《まと》場《ば》昭《あき》弘《ひろ》

151
ヒトラーの経済政策
世界恐慌からの奇跡的な復興
有給休暇、がん検診、禁煙運動、食の安全、公務員の天下り禁止……
ノンフィクション作家
武田知弘

343
なぜ、バブルは繰《く》り返されるか？
バブル形成と崩壊のメカニズムを経済予測の専門家がわかりやすく解説
久留米大学教授
塚崎公義

390
退職金貧乏
定年後の「お金」の話
長生きとインフレに備える。すぐに始められる「運用マニュアル」つき！
塚崎公義

371
空き家問題
1000万戸の衝撃
毎年20万戸ずつ増加し、二〇二〇年には1000万戸に達する！　日本の未来は？
不動産コンサルタント
牧野知弘

〈祥伝社新書〉
芸術と芸能に触れる

358
芸術とは何か
千住博が答える147の質問
「インターネットは芸術をどう変えたか？」「絵画はどの距離で観《み》るか？」……ほか
日本画家
千住 博

349
あらすじで読むシェイクスピア全作品
「ハムレット」「マクベス」など全40作品と詩作品を収録、解説する
東京大学教授
河合祥一郎

336
日本の10大庭園
何を見ればいいのか
龍安寺《りょうあんじ》庭園、毛越寺《もうつうじ》庭園など10の名園を紹介。日本庭園の基本原則がわかる
作庭家
重森千靑《ちさを》

023
だから歌舞伎はおもしろい
今さら聞けない素朴な疑問から観劇案内まで、わかりやすく解説
芸能・演劇評論家
富澤《とみざわ》慶秀《けいしゅう》

337
落語家の通信簿
伝説の名人から大御所、中堅、若手まで53人を論評。おすすめ演目《えんもく》つき！
落語家
三遊亭円丈

〈祥伝社新書〉
スポーツ・ノンフィクション